企業価値を発掘する
ブランド戦略

口ベタ企業への処方箋

有澤卓也
ARISAWA TAKUYA

幻冬舎MC

はじめに

あなたの会社は、何の会社ですか？
あなたの会社は、何を稼ぎの中心にされていますか？
あなたの会社は、何のために存在していますか？
あなたの会社は、社会に必要とされていますか？
あなたの会社は将来、どんな姿への成長を目指されていますか？
そして、以上の答えを、社員の方々と共有されていますか？

はじめまして。私は広告づくりやブランドづくりを通して多くの経営者の悩みと対峙してきました。そこで、最近、切に思うのは、人口減少の急進とネット社会の台頭で明らかにビジネス構造が変わってきたことです。

――人口減――

企業にとっては、顧客になる「人の数」が（国内を対象にすれば）速度を増して減ってきています。それは同時に、採用対象となる未来の社員も年を追うごとに激戦、取り合いになっていくことは必然です。22年度は55万人減、まさに鳥取県一つ分の人口がまるごと減りました。従って、今までのような売上が上がらない、人が採れない、といったことも、この人口減少が年々と招いていく原因の一つになっていくでしょう。顧客や社員の奪い合いの時代がやってきます。

――接触メディアの変容――

私は毎年、大学で学生のメディア調査をしていますが、９割近くがスマートフォン（以後、スマホ）からの情報で生活をしています。接触メディアも明らかにテレビがトップではなく、X（旧Twitter）やYouTube、Instagram、TikTokが圧倒的に上位になっています。1週間は１６８時間ですが、なんと90時間、Instagramを見ている学生がいました。驚くべき実態です。また活字を読む人口より、画像や映像で視覚的に理解する人口が増えていくと思われます。次代を担う10代、20代の意識や行動変化は、ビジネスの未来のカタチを必ず変えていくに違いありません。

――コロナ禍は、企業の信頼軸を変えた――

２０２０年から約3年間、巣籠もりやリモートワークを強いられたコロナ禍生活は、ネットを介しての情報発信や商談に長《た》けた会社が優位になりました。デジタルに疎い会社やサービスは後れをとりました。デジタルでの受発信がうまくない企業は淘汰されてきています。リアルに顔を合わさなくとも〝デジタル上でも信用できる〟そんなデジタルトラストのあるコミュニケーションが、今後、大きな安心軸や信頼軸になると思います。

このようにこの国の生活＆消費スタイルはコロナの追い打ちもあって新旧交代期に来ていると感じます。そのなかで企業が選ばれ生き残るためには、他社にはない自社の強みや魅力を明確につくりだし、分かりやすく丁寧に受発信して、顧客を囲い込むことが不可欠です。そして顧客だけでなく、取引先や求職者など、あらゆるステークホルダーからも選ばれ、膨大な情報の中から抜きん出る必要があります。

　そこで重要なのがブランディングになります。私はブランディングとは、企業の柱となる価値を社内外に認知させるための戦略を指し、経営の基盤となる、「ヒト・モノ・カネ」に続く第４の経営資源だと考えます。**私は「ブランディング」を〝評判づくり〟と定義しています。**

　ブランドとは、その名を見聞きしただけで、頭になんとなく浮かぶイメージの総体です。大きくいえば、好きなブランド、嫌いなブランド、まったく知らない、どうでもいいブランドなどに分かれませんか？　つまり、イメージそのものが、気分や購入動機を左右する「評判」につながるのです。

　いい評判が形成されていると、噂や興味関心が良好につながり、評判がさらなる顧客をつくり、評判が売上を押し上げます。強いブランドには、とても好意的なファンがついています。それだけでも企業は信頼が高くなり、経営的に安定が保てるというものです。逆に悪い評判だと、そのブランドは失墜し、会社の存在を危ういものにしてしまいます。デジタル上では、あらゆる情報が落ちていますので、その判断が一気になされてしまいます。

大手企業はその重要性を熟知しているので、各社とも経営の柱に位置づけて莫大な予算をかけ、PR会社やコンサルティング会社に依頼してブランディングに取り組んでいます。しかし、中小企業の実態をみると、その多くはブランディングに取り組むことができていません。

ブランディングが大切だとはなんとなく分かってはいるけれど、何から始めていいか分からない、お金がかかりそう、あるいはそもそも考えたことがない、どこに頼んだらいいか分からない、といった企業が大半です。またブランディング以前の問題として、自社の魅力や強みを明確に話せない、なんとなく理念やコンセプトはあるがしっかりと明文化されていないといった状態で停滞しているケースも少なくありません。本書は、そんな中小企業の企業価値を掘り起こす「ブランドのつくり方」を支援するために書きました。

私はこれまでに1000社以上の会社をクリエイティブ・サポートしてきました。大企業はともかく、支援してきた数多くの中小企業が、ブランディングに疎く、自社の魅力や社会的な価値を客観的に分析・発信できていない〝口ベタ〟な企業でした。

もはや、どんな会社でも自己発信できるインターネット時代に、顧客や求職者やステークホルダーとうまくコミュニケーションがとれていない会社を、私は「口ベタ企業」と名付けています。

これまでの経験と実績を踏まえて、私は中小企業が〝口ベタ〟を克服して企業ブランディングを成功させるためには①「価値の再定義」②「勇気を後押しする言葉とデザイン」③「効果的な金太郎アメ発信」が不可欠であると考えています。

私は、トップが振り出した課題をボトムアップの視点で考え、逆算しながらブランドを構築しています。なぜなら企業価値につながるブランドの概念を最終的にアウトプットするデザインの現場から俯瞰してみると、作るものに一貫性がないことに、よく気づかされるからです。そして私は、コンサル会社や広告代理店、有名デザイナーが介在して素晴らしい概念や形をつくっても「完成して終了」という、ブランド育成されていない残念な現場を数多く目の当たりにしてきました。

トップダウンでつくるブランディングではなく、どちらかというとステークホルダーの話からまとめあげる「みんなでつくるブランディング」といえるでしょうか。私は、その企業を、対内尺度と対外尺度を掛け合わせ、社内や世間からどう見られているのか、という視点で構築していきます。出自がコピーライターだからかもしれませんが、社内外のインタビューで企業価値の宝をとことん掘り出していきます。BtoCの企業でも、BtoBの企業であっても、社内や顧客からどう思われているかを定期的にチェックすることは、生き残りの施策をチューニングするための必要不可欠な健康診断です。

本書では、私が実際に手掛けてきた事例の紹介を交えながら、ロベタ企業が自社の魅力や価値に気づき、社員や顧客に愛される企業になるためのブランディング手法を解説します。この一冊が一人でも多くの中小企業経営者に届き、ロベタ企業から脱する処方箋となれば、著者としてこれほどうれしいことはありません。

ロベタ企業への処方箋　企業価値を発掘するブランド戦略　目次

［第5章］　〝ロベタ〟を再発させないために重要なのは定期的な分析・改善

第1章

顧客ニーズや価値観が目まぐるしく変化する時代ブランド戦略は中小企業が生き残るための最重要課題

［図表1］　手のひらで、評価される時代

「手のひら消費」の時代に欠かせないブランド戦略

　膨大な量の情報が飛び交うネット社会においては、スマホさえあれば時間や場所を問わず欲しい商品やサービスを探し出し、さらに複数ある候補のなかから価格や利用者のレビューを参照して、比較・検討を十分に重ねたうえで購入できるようになりました。

　さらに地球の裏側にある企業の商品でさえ自動翻訳の機能があれば、簡単に手に入ります。現代は商品選びから購入まで〝手のひら〟で完結できる時代なのです。
かといって価格やスペック、商品レビューだけが購入理由になっているわけではありません。価格や品質の面においては十分な競争力があったとしても消費者に選んでもらえず、ブランド力のあるところに顧客をもっていかれてしまうのが現状です。

例えば高いブランド力で根強いファンを獲得している一例として、アイフォンが挙げられます。他社の製品に比べれば高価であり、機能において他種と大きな違いはないものの、２０２３年8月時点の「スマホOSシェア比較」をみれば国内で69・３%という圧倒的なシェアを占めており、ブランドが浸透していることがよく分かります。ブランド力によって、たとえ他社製品より高価であってもアイフォンを選びたいという消費者のブランド志向が如実に表れているのです。

このように、機能性や価格の面はもちろんのこと、消費者に選ばれるためにはブランド力があるかどうかも重要なポイントであり、企業にとっては自社がもつブランド（価値）を広く発信し、選ばれる存在になるためのブランド戦略が重要になっているのです。ブランド戦略は今や企業規模や業界を問わず最重要課題となっており、戦略をうまく展開できれば競合他社と明確に差別化でき根強いファンを獲得することができるのです。

とはいえブランド戦略の展開は簡単ではありません。スマホ一つ、まさに〝手のひら〟だけで消費が完結する現代においては購入してもらうまでのハードルがいくつもあります。

自社の商品やサービスに興味をもってもらったとしても、他社との比較検討の段階で顧客に簡単にそっぽを向かれる恐れもあるので、自社に〝指が止まる〟ように興味をもち続けてもらうための施策が以前にも増して欠かせません。そして自社が提供するあらゆる価値と顧客が接触することで、単なる商品価格やサービスのスペック比較だけでなく、顧客の感情を揺り動かしていく意識も必要になっています。

感情を揺り動かすためには、企業やその商品の背景にあるストーリーが重要になります。そのため、企業には商品やサービスに気づいて触れて「愛着や好感をもたれる価値」を感じてもらうために綿密なコンテンツづくりや戦略がより求められているのです。すなわちそれがブランディングであり、私はこの一連の流れを「評判づくり」と考えています。評判づくりとは、なにも広告や宣伝だけではありません。あらゆる企業活動を通じて消費者から「店員の笑顔がすてき」「対応がいつも丁寧」などといった小さなプラスの評

［図表２］　ブランド戦略（ブランディング）＝評判づくり

価を積み上げていくことで、企業全体の評判へとつなげていくことです。

また、ブランド戦略の効果は社外だけでなく社内に向けても大きな成果をもたらします。企業価値が明確化されることで、働く社員たちは企業に関わっている喜びや誇りを実感でき、働く意欲の源になります。生き生きと働く社員が増え、そうした社員に接触する取引先や顧客にも良い影響が広がり、大きな相乗効果を生む要因にもなります。生き生きと働ける職場環境で、スタッフが気持ちよく対応をしてくれる会社を嫌う人はいないはずです。

その企業でしか得られない価値を発掘し、

［図表3］　ブランド戦略の効果

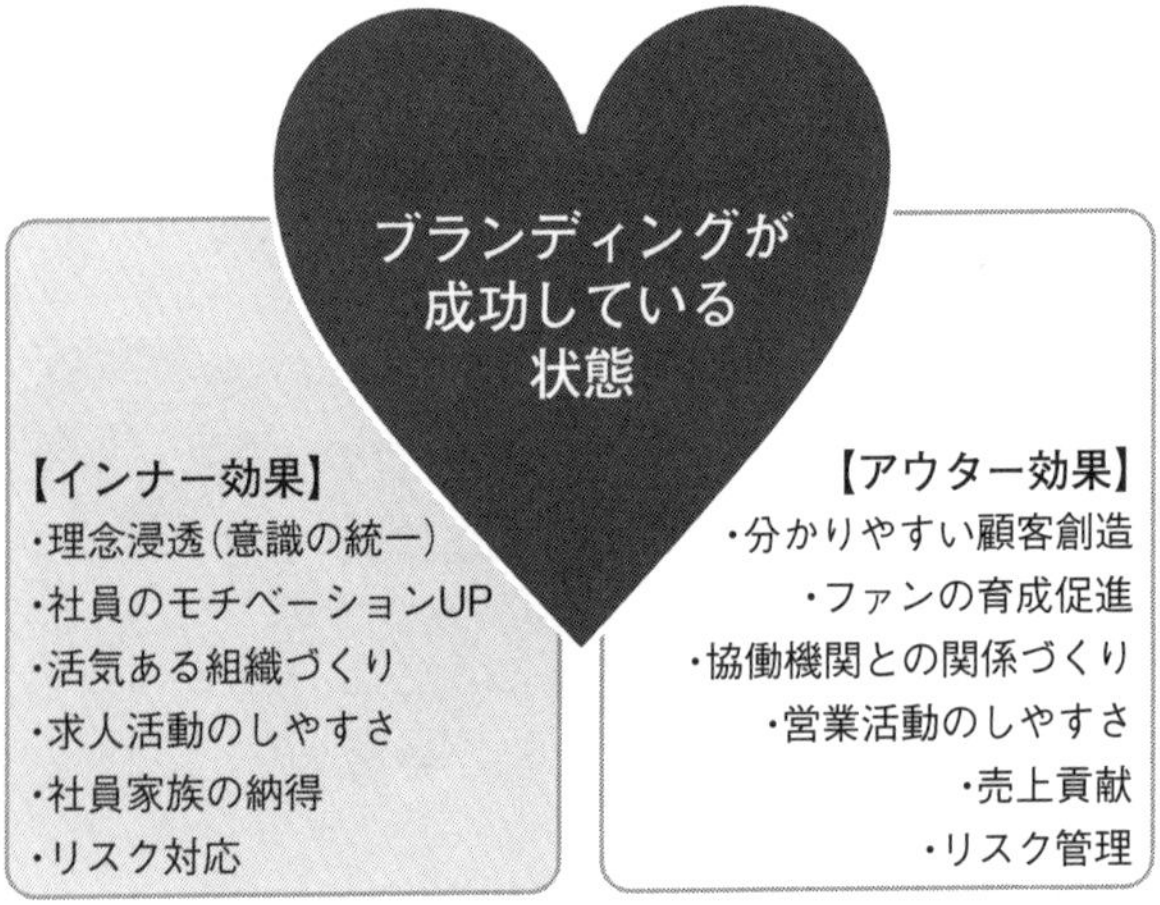

価値を十分に知ってもらえる工夫を施すブランド戦略が達成できれば、インターネットでも口コミが広がり、選ばれやすい存在になれます。社員の対応が熱心で丁寧だから、営業の対応がきめ細かいから、納品が早いから、アフターフォローがいいから、とにかく一生懸命だから……といった口コミの評判が高まることによって、企業の魅力や強みを人に好かれるブランド戦略へと転換することができれば、比較検討を通り越して自社への愛着が高まります。

スターバックスコーヒーに見るブランド戦略の効果

実際にブランド戦略がうまくいっていて、長期的なファンを獲得している企業の有名な例をあげるならスターバックスコーヒーです。同社はマス広告を打たず、ブランディング一本にリソースを集中させることで、持続的な経営を達成している数少ない企業のひとつです。

ただ単にコーヒーを売るだけでは商売が成り立たないことを見越して、スターバックスコーヒーではコーヒー自体の価値だけでなく、コーヒーを飲む行為にひもづけられた接点に価値を感じてもらうことに力を注いでいます。細かいところにまで気の利いたスタッフの接客態度、リラックスしたムードで有意義な時間を過ごせる空間づくりなど、商品の先にある体験に重きをおいているからこそ、スターバックスコーヒーは業界の最先端を走り続けることができています。

スターバックスコーヒーは顧客との間につくられるあらゆる接点において、企業の理念や価値観が正しく伝わるよう配慮されているわけです。同時に理念や価値観に基づいた新しい商品を提案し続け、空間づくりもアップデートを続け、ロゴも時代に合わせて変更していて、リブランディングにも余念がないからこそ、長期的なファンを獲得しています。

またスターバックスコーヒーのブランド戦略は、顧客に向けたものだけでなく、従業員のエンゲージメントを高めるインナーブランディングにおいても特徴があります。例えばスターバックスジャパンが掲げている行動指針をみると、「従業員にとっての働きやすい環境」は顧客満足よりも上に表記されています。この指針には、「従業員に誇りをもって働いてもらいたい」という強い思いが込められているのです。

このように細やかなブランディングが徹底されているからこそ、ファンの心をつかんで離しません。根底にある理念や価値観がしっかりと確立されたうえでブランディング施策が行えれば、これほど盤石で強固でライバルをものともしない経営を続けられるということです。

ブランド戦略が失敗に終わるパターン

とはいえ、やみくもにブランディングに取り組めば絶対にうまくいくというわけではありません。見通しが不十分なままブランドを世に送り出してしまうことでブランド戦略は大失敗してしまい、プラスの効果を得るどころか大きな損失を被ってしまうことも十分にあり得ます。

もちろんケースごとに失敗した理由は異なりますが、いずれも共通しているのは市場の声に耳を傾けず、勝手な思い込みで新商品を発表してしまったところです。これにより、誰もが知っているような有名企業でさえもブランド戦略が失敗に終わってしまいます。

ロゴやパッケージデザインを一新したところ評判がすこぶる悪く、企業の業績に悪いほうへ響いてしまった例はいくつかあります。有名なところではオレンジジュースで有名なトロピカーナです。

トロピカーナは2009年に大掛かりなリブランディングを実施、特徴的で一目でトロピカーナと分かるパッケージをゼロからつくりかえました。そこには時代に合わせてスタイリッシュな印象とシンプルなデザインに一新することで顧客へのイメージを塗り替える狙いがあったようです。

しかしトロピカーナといえば、クラシックなフォントを使用したロゴやストローが刺さったオレンジのジューシーなパッケージデザインが親しまれているからこそのロングセラー商品でした。しかし新パッケージは洗練され過ぎたせいで従来の「トロピカーナらしさ」はまったく失われてしまいました。その結果、トロピカーナの商品だと気づかない顧客すら続出するあり様で、売上は激減し、すぐに以前のパッケージデザインへと戻すこととなりました。これはトロピカーナが、自分たちの売りは何なのか、顧客に他社ではなく自社商品を選んでもらえている理由が何なのか、しっかりとそこに向き合えていなかったからこその失敗といえます。

　市場の変化や時代の経過に合わせてチューニングする、もっとかっこいいものにしたい、といったマーケティングの見直しは正しい行為ですが、企業や商品の本質がないがしろにされてしまうと残念な結果になってしまいます。顧客の心をつかむことができず、むしろファン離れを加速させてしまうものなのです。

　マクドナルドではかつて、健康志向が高まっていく世の中に配慮して「サラダマック」という新メニューを提供するようになりました。その名の通り、ポテトやハンバーガーではなくサラダを食べられるメニューなわけですが、これも大失敗に終わっています。

時代の風潮に合わせたのになぜ、と経営層は頭を悩ませたかもしれませんが、よくよく考えてみれば当然の話です。そもそもマクドナルドユーザーは健康を求めて来店したりはしません。多少の健康リスクはあっても、カロリーや塩分を気にせずあのジャンクなメニューたちを頬張りたいからこそ、マクドナルドを訪れるのです。

このケースは完全に顧客が自社に求めているニーズを読み違えたことに敗因があります。「サラダマック」のターゲットである健康志向者はマクドナルドには来店しないことを、ファストフード界の王であるはずのマクドナルドはすっかり忘れていたわけです。

大元をたどればトロピカーナと同様で、自社がどんな理念でどんな価値を届けているのか、根本の部分を考えずにブランディングを行ってしまったことに問題がありました。顧客が本当に期待しているものは何かを見定めずに、単に奇をてらったようなアイデアではファンの心に響きません。そして、その〝裏切り〟度合いが大きければ大きいほど、企業のイメージと売上の大幅ダウンに直結します。

その一方で、自社の理念や価値観に基づいて徹底的に検討したブランディングを行ったのに大失敗に終わってしまう恐れもあります。

昨今は多様性の時代ともいわれ、一人ひとりが最大限に幸福に生きられる世の中の実現――Well-being（ウェルビーイング）を目指すことが当たり前の世の中になっています。そのためには組織も最大限の配慮を行わなければなりません。

例えば人種差別を想起させてしまう言動であったり、ハラスメントを助長するような表現があったりすれば、これは時代に逆らったものなので徹底的に「叩かれ」ます。企業側も最大限の配慮をしているものの、それでも男女差別を感じさせるブランドＣＭをつくってしまったり、パワハラを許容しているかのようなブランドキャンペーンを打ち出してしまったりして、ＳＮＳで炎上するケースは全世界で頻繁に起きています。炎上の度合いによっては企業生命すら危ぶまれる、笑い事では済まされない事態になりかねません。

このような失敗が起きる原因は、企業が自社の理念や価値観を偽りなく演出したブランディングをした結果、時代とのミスマッチが露見してしまうことにあるといえます。平たくいうと、企業の社風や思想が旧態依然としていたことを自ら晒してしまい、袋叩きとなってしまうわけです。

これはトロピカーナやマクドナルドのケースとは異なり、企業が理念や価値観を定期的にチェックしアップデートをしていないことが問題の根底にあるといえます。このようにブランドというのはいわば生物であり、時代とともに中身を構築し直していく必要もあるわけです。

ただただ伝統として伝えられている、先代から託されたものだけにすがっていても、このような失敗事例を引き寄せる可能性があることを忘れてはいけません。絶大な効果を得られるブランディングですが、企業のあり方を履き違え、時代の流れを読み違えると、とんでもないことになってしまうのです。

「BtoB企業にブランディングは関係ない」という誤解

そうはいっても「ブランディングは一般消費財を扱っているBtoC企業のものではないですか?」「BtoBの企業はブランディングなんて関係ないんじゃないですか?」といった質問をよく受けます。しかし答えは「NO」で、まったくそんなことはありません。企業間の信用によって大口の取引関係をつくれるBtoB企業においても、ブランドを確立することで認知度が向上するなどビジネスに良い影響が生まれます。逆にブランド力のない

ＢtoＢ企業ほど信用が薄く、選ばれる企業になっていないことが多いものです。確固とした世界観をつくり発信することで、プラスの方向へと転換することが重要です。

　例えば大阪・堺にあるＳＨＩＭＡＮＯ（シマノ）は創業１００年を超える自転車部品と釣具メーカーで、いまや世界で広くその名を知られる存在になっています。もともと鉄工所から始まり、創業から自転車のホイールの製造販売を展開し、さまざまな変速機やパーツを一括して販売するニッチ戦略で、世界のスポーツ自転車向け部品のシェアは85％を誇り、その高い技術力から「自転車界のインテル」と称賛されるほどです。世界最高峰のサイクルロードレース「ツール・ド・フランス」などの世界大会でほぼ全車に使われている自転車パーツは、その技術力と信用力で他社を寄せ付けない企業になっています。ＳＨＩＭＡＮＯはＢtoＢ企業ながら、自社のロゴマークをシンボルとして上手にブランディングを行い、業界で確固たる地位を築き上げています。

　ブランディングというと、世間的に派手に見える商材を思い浮かべ、テレビＣＭや有名タレントを起用した派手な広告をバンバン打つように思いがちですが、まったくそうではありません。大切なのは首尾一貫した企業姿勢やメッセージ性を持ち、すべての企業活動で実践することです。そしてしっかりとしたセールスルートを持ち、展示会から商品案内、営業ツールなどで一貫性のある世界観を内外へと発信していくのです。方針をしっかり決め、社員にも共有していきます。宣伝や広報に力を入れていないBtoB企業こそ、ブランディングが欠かせない経営戦略になります。

人材採用でもブランド戦略は不可欠

BtoB企業にこそブランディングを勧めたい理由はもう一つあります。ブランド戦略は人材採用の面でも大きな影響力を発揮するのです。

マイナビが実施した「２０２３年卒大学生就職意識調査」によれば、２０２３年に卒業する大学生や大学院生の就職観は、「楽しく働きたい」と答える人が37・６％と、項目中で最大の支持を集め、３年ぶりの増加となりました。コロナ禍が一応の収束を見せつつあるなか、求職者の仕事に対する価値観や働き方にも変化が出てきています。調査から見て取れるのは求職者が職場を選ぶうえで、勤務地や給料などの物理的な待遇面だけでなく、仕事での体験価値、つまり「どんなコトを享受できるか」も比較検討の材料になっているということです。これは、モノの消費よりも体験（コト消費）が重視されている若い世代の考え方が仕事選びにおいても表れているのだと私は分析しています。

また、この調査をみると企業を選ぶポイントで「安定している」と答える求職者は年々増加傾向にあり、直近20年ほどで20ポイント以上も割合が増えています。一方で「有名な会社」を企業選択で重視する割合は下落傾向にあり、「大企業＝経営も給料も安定」というイメージは薄れてきていることが分かります。これは中小企業にとっては好材料です。大企業なら安定という価値観が揺らいでいるのであれば、中小企業でもアピールの仕方次第で人材を集められるチャンスが十分にあるということだからです。

ただし採用面で企業側が気をつけておきたいのは、インターネットやSNSを介した「書き込み」です。多くの求職者は気になる企業があったらまずインターネットで「ググり」ます。そのなかで採用サイトなどに並んでいる真偽の分からない元従業員らしき人の書き込みを読んで、企業の良し悪しを判断してしまうこともあります。ポジティブなレビューが書かれていればいいのですが、ネガティブな情報ほど人は敏感に反応し判断材料にしがちです。実際に企業を訪れ現職の人たちからきちんと話を聞くことなく、検索だけ

［図表４］ 就職観の推移（10 年卒～ 23 年卒）

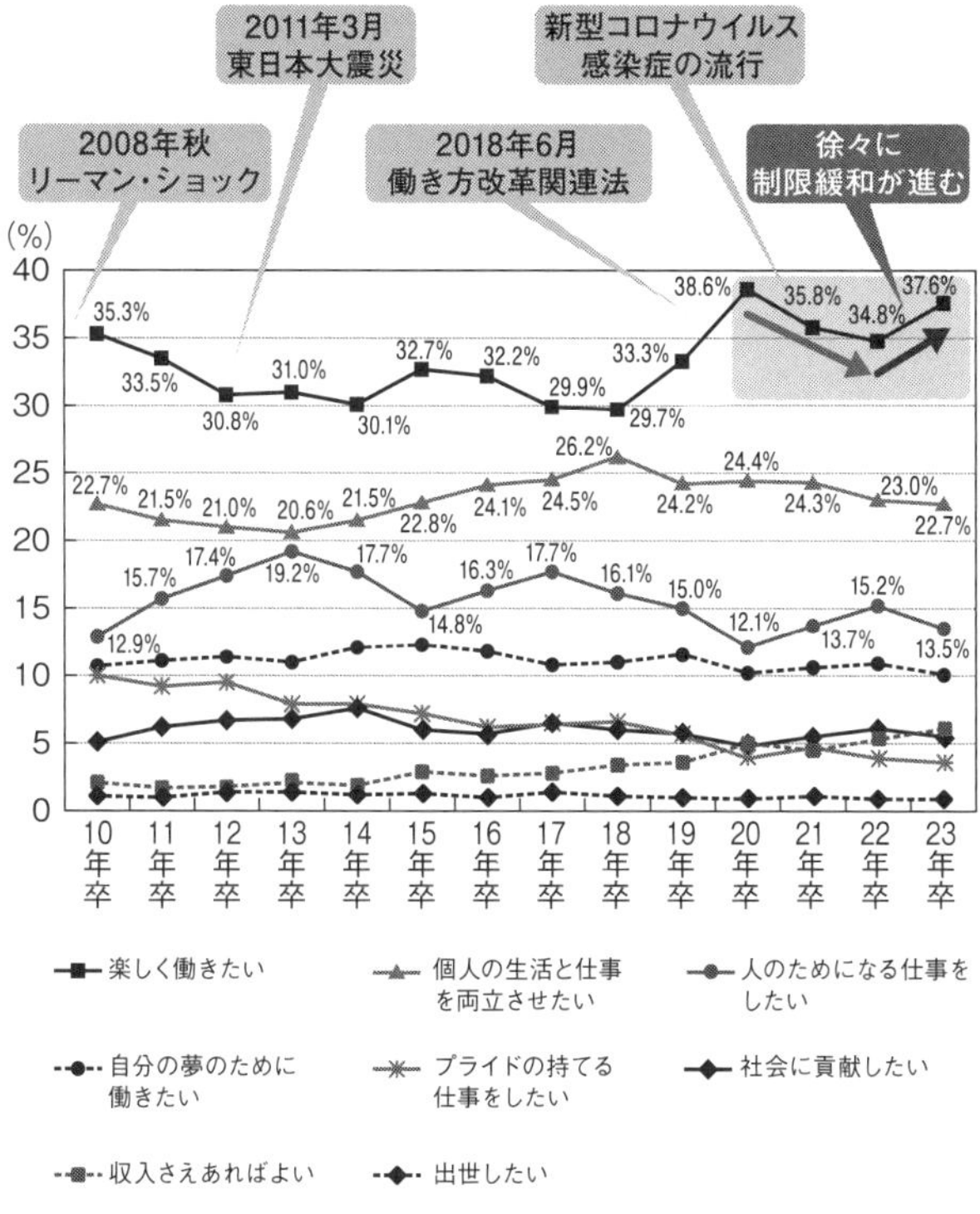

出典：マイナビ「2023年卒大学生就職意識調査」

［図表５］　企業選択のポイントの推移（10年卒～23年卒）

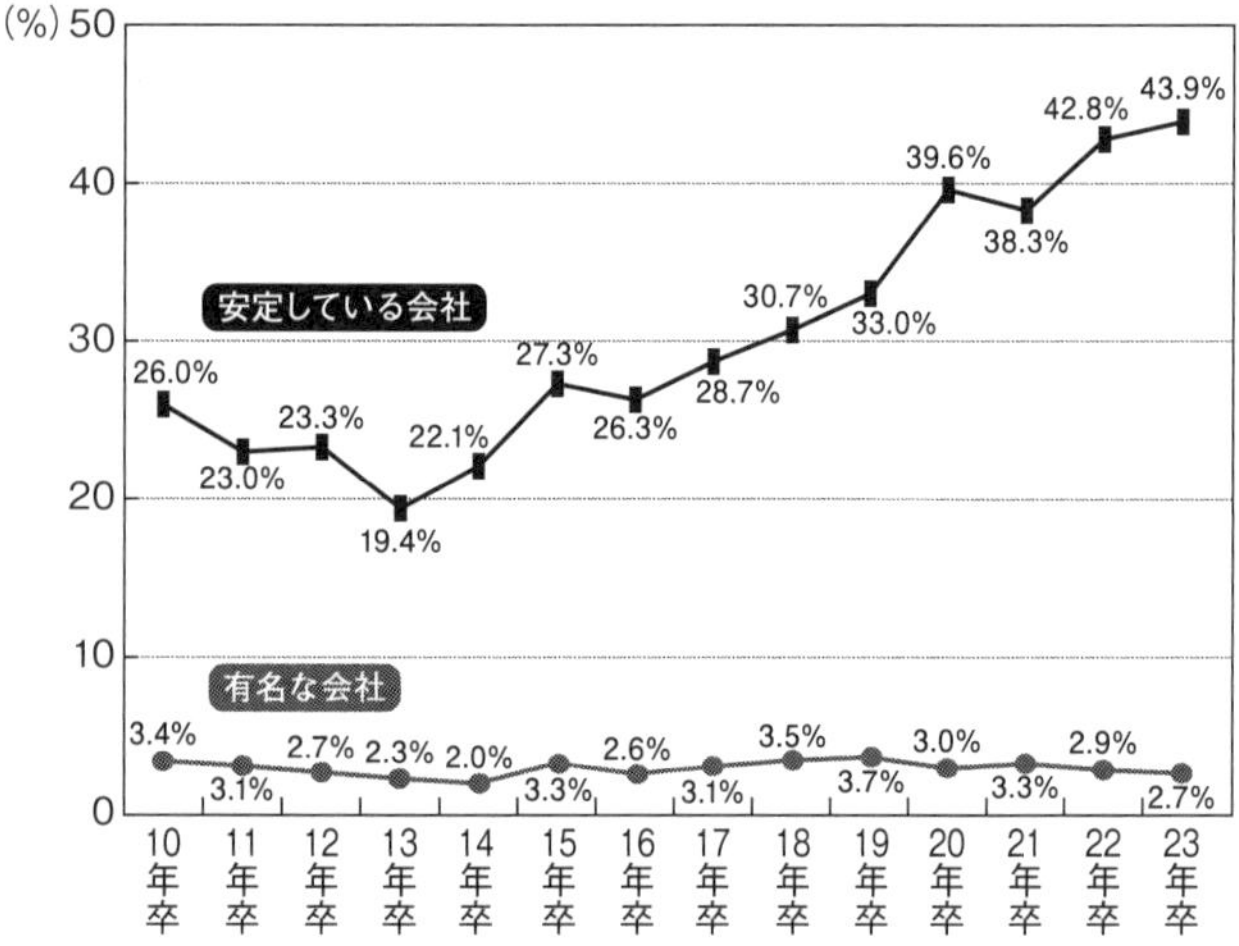

出典：マイナビ「2023年卒大学生就職意識調査」

で企業を下調べして、エントリーシートを書くか否かを決めてしまうこともあるのです。

したがって、パソコンやスマホが連動したホームページの存在、特に採用ページの作り方や見せ方、分かりやすさは重要であり、いまや企業の生命線といえます。企業側から人材募集のきめ細かなコンテンツ発信とイメージづくりをしていくことで、入社を希望してくれる将来有望な人材を集めることができます。

また、採用サイトを求職者だけでなく保護者や家族もチェックして判断を促すこともあるのだという視点を忘れてはいけません。働く価値観に変化が生まれている今こそ、中小企業は学生の声につぶさに耳を傾け、自社サイトなどを随時チューニングしていくことが大切です。自社サイトは就職する学生あるいはその親の目から見たら、どんなふうに映っているかをチェックしていく必要があるのです。

このような採用に関する情報発信などは多かれ少なかれ、ほとんどの企業で実施しているはずです。それを一つのまとまった形で自社のブランドとしてすべての情報発信に一貫性をもたせていくのがブランディングです。

ブランド戦略は大企業だけの話ではない

自社と正面で向き合い、理念や価値観をしっかりと抽出し、まっすぐに消費者へと届けることができるか――。これがブランド戦略の成否に大きく関わっています。

大企業では、広報やマーケティング部門に専任のブランド担当者がいて、ブランド戦略の立案や企業ロゴの制作などの業務を行っています。そうした活動によって企業ブランドを確立させ、社会的な信頼を得たり、業績を向上させたり、社員のやる気を引き出したりするためです。
大企業の場合はブランディングに予算をつけられるだけの豊富な資金があり、専任の担当者を雇用できるだけの余裕があるため、ブランドコンサルティングやクリエイティブエージェンシーなどを活用しながら、大掛かりなブランディングを行います。
けれども、中小企業の場合はブランディングに割ける予算が少なかったり、担当者は他の仕事と兼任であったりします。大企業と同じアプローチでは投入できるリソースが少ないぶん、効果も弱まってしまいます。中小企業がブランド化を図る際には資金や時間を効率よく使い、自社の良さを引き出していくことが大切です
ブランド戦略を怠るということは、顧客ニーズや価値観の変化が目まぐるしい世の中で、ますます「選ばれない会社」になるということです。いまやインターネットに落ちている情報だけで、企業も商品も判断されてしまいます。自分たちの本当の価値に触れてもらえることなく、見限られてしまうのです。ブランドを確立して積極的にすべてのステークホルダーへの浸透活動をしていかなければ、人も来ない、仕事も来ない、新規取引先とも関係がつくれない負の連鎖に陥ってしまいます。

大企業でさえも人材不足に悩み、誰もが手探りで活路を見いだそうとしている今、中堅・中小企業、特に普段情報発信の少ないＢtoＢ企業こそ、いち早くブランド戦略に乗り出す必要があるのです。

［第2章］

誰に何を、どう発信したらいいか分からない……ブランドづくりに失敗する〝ロベタ企業〟の問題点

［図表6］　情報発信ができない「口ベタ企業」

情報が溢れるなか、企業情報の発信に一貫性がなく
モジモジとしている「口ベタ企業」が増えている！

ブランド戦略以前の問題「口ベタ病」

私はこれまでたくさんの中小企業のパートナーとして、宣伝や販促、広報、ブランディングといったクリエイティブ面をサポートしてきました。いくつもの現場を経験する中でつくづく思うのは、いずれの企業もその企業ならではの魅力や強みを存分に持っているにもかかわらず、自らの実力を外部に周知させることを苦手としていることです。

謙遜なのか、臆病なのか、自信がないのか……いずれにしてもそのために、よく分からない、知られない、印象が薄い企業になってしまっているのです。それでは新規開拓や求人活動も苦戦するのは目に見えています。就職シーズンの合同説明会でも学生に注目されない閑古鳥のブースになっています。実にもったいない状況で、口ベタが負のスパイラルをつくっているのです。

人口が減少の一途をたどり始めたこの国では顧客獲得もいっそう厳しさを増しています。中小企業がどこも苦戦を強いられているのは必然です。ブランド戦略を実践していない多くの中小企業は選ばれるための比較検討の舞台にすら上がれていません。

「ウチにはブランドと呼べるような魅力的なモノなんてない」などという消極的な経営者もいるようですが、ブランドという言葉がもつ高級そうなイメージにとらわれ過ぎているように思います。ブランドとはその企業の存在価値であり、個性です。どんな企業にも何かしらの存在価値があり、魅力的な人がいて、強みがあります。広報やブランディングの相談を受けて私がその会社を調べてみると、必ずといっていいほど業績不振や人材不足に直面している原因は、顧客ニーズの変化に対応していなかったり、企業価値を正面から掘り下げて具現化し、適切に発信していくというブランド戦略の見直しをしていなかったりするという点に突き当たります。

［図表7］ “口ベタ”は生活習慣で重症化する

こうした口ベタ企業の症状には、次のような傾向がみられます。

・会社の目指す未来の姿を描いていない
・提供している価値が明確でない
・顧客の求めていることが分からない
・昔の成功事例にとらわれている
・売上や数のことしか頭にない

当てはまる項目が多ければ多いほど、口ベタは重症化しているのです。

自分たちが続けてきた事業に疑問をもってみる

企業が「選ばれ続ける存在」になるためには、その企業にしか言えない「エッジ（価値や個性）」、つまりブランドを社内外に発信していく必要があります。そのためにはまず、そもそも自社の強みや魅力が何であるのかを明らかにすることです。しかしこれを明快に語ることのできない企業が大半を占めているように思えます。

実際に私は仕事で関わる企業に、自社の強みや魅力はなにかと尋ねる機会が頻繁にありますが、ほとんどの企業でこの「エッジ」は明快になっていません。しかし、明快な答えが見いだせないと気づけたなら、それは新たな成長するチャンスでもあります。魅力や強みを見失いかけているこのタイミングで、その部分を明確にすれば企業の存在価値を再定義でき、新しいブランド戦略のスタートを切ることができるからです。

自社の強みを問われて、社内に受け継がれている理念や方針を口にするところもあります。しかし、その理念や方針にどんな意味や魂が込められているのか、と重ねて聞くと、やはり口ごもってしまう経営者がほとんどです。社長をはじめ創業時のメンバーは答えられたとしても、ほかの幹部や社員は理念や指針の生まれた背景と、そこに込められている思いを明確に説明できないケースも多いです。

このように口ベタとは、文字通り話すのが苦手、話しても中身がよく伝わらないことを指します。口ベタはいきなりなるのではなく、組織が歴史を重ねていくにつれて口ベタの要因となるさまざまな症状を発症していく、いわば企業の生活習慣病のようなものです。私が知る限り、創業期を終えた中堅以上の企業のほぼすべてが、程度の差こそあれ口ベタを患っています。

この口ベタを原因とした諸症状を治さずにブランド戦略を練ったとしても、企業の軸足ができていない状態で経営を続けることになります。発信されるブランド施策にその企業ならではの強みや魅力が感じられず、結局は簡単に手のひらで比較検討されて、ほかを選ばれることになってしまうのです。

ブランド戦略を立てる以前に、まずは口ベタの症状を悪化させてしまうような悪しき習慣を絶つ必要があります。

すでにブランド確立や浸透といった施策に精を出しているのにもかかわらず、なぜか成果が伴わない、といった悩みを抱える企業は、口ベタの根本的な原因を特定できないままだから、ブランド戦略が立ち行かなくなってしまうのです。まずは自社の価値や個性といった「エッジ」は何なのかを抽出することから始めていかなければなりません。

口ベタ企業の共通項

私は歴史のある企業の周年事業を手伝うこともよくあるのですが、やはり多くの企業が口ベタの症状を加速させていて、本来もっていたはずのその会社ならではの強みや「らしさ」を見失っている現場をこれまで何度も見てきました。

口ベタが厄介なのは自覚症状がない点です。口ベタに端を発するあらゆる企業内の不具合が、企業の中では当たり前として定着しているため、自分たちでは改善しようとすらできないのです。

仮に不具合を自覚していたとしても、その根幹が自らの口ベタにあるとは分からず、その場しのぎの的外れな対策になってしまっている企業も多いです。根本的な治療と改善ができていないために、問題が表面化するたびに一時的に症状を緩和させるだけという無限ループを繰り返し続けることになります。そんな対症療法にとどまっていては、症状はすぐに再発します。

そして歴史がある企業ほど口ベタを発症しがちです。先代たちの過去の成功事例がありこれまでやってきたことを変わりなく続けていけば「きっとこれからも安泰だろう」という老舗ゆえのあぐらをかいた経営に甘んじているのです。

しかし、これまでも不祥事などで名のある多くの老舗が情報発信が下手であるが故に経営の危機に追い込まれたように、老舗であっても口ベタではひとたまりもありません。ネット社会が発展し、誰もが情報発信ができるようになった現代は、自社の価値をきちんと外部に向けて分かりやすく発信しているところだけが生き残り、口ベタでコミュニケーションを怠ったところは選ばれる理由が見いだされず、大切な顧客や社員などの重要なステークホルダーを手放すことになってしまうわけです。

時代に合わせて組織や商品・サービスに柔軟に改善・改良を加えている企業は口ベタになってはいけません。自分たちの魅力を理解し適切に発信し、激動する時代の変化にも敏感に対応しながら、安定した経営を続けるために常にブランディングをし続けていく必要があるのです。

自社が口ベタ企業かどうかをまず考えてみてください。口ベタ企業かどうかを判断するポイントには、主に次の10項目が挙げられます。

①職人気質で無口な社風
②数字やノルマばかりを重視
③リストラに走りやすい
④「優秀」な人材を求めたがる
⑤ビジョンが曖昧
⑥「らしさ」を語れない
⑦ブランドづくりを密室会議で決めている
⑧社外の意見ばかりに耳を傾ける
⑨カリスマ社長やエース社員に頼りがち
⑩過去の成功体験ばかりを話す

①職人気質で無口な社風

言わなくても分かるだろう、といった社風がはびこっている重篤な口ベタ企業は、その症状にすら気づいていないという問題点があります。

　背中で語ることが大事だ、数字で測れない仕事もある、という職人気質の仕事観自体は決して悪いものではありません。言葉や数字では表現できない精緻な技術が日本にはたくさんあることは世界でも評価され、認められてもいます。

　しかし、いいものだけを黙ってつくっていれば自ずと人は集まってくる、そんな価値観が通用する時代はとうの昔に終わっています。明文化しない〝暗黙知〟を貫く体制から脱皮し、誰もが理解しやすい〝形式知〟のあるコミュニケーション上手な企業へ変身しなければなりません。自分の会社が今までどういった思いで事業を展開し、どんな商品やサービスを世に送り出しているのか、背景にある考えや思いを伝えていくのです。世の中へ提供している価値が、どういった工程を踏んで顧客へと届けられているのか、そのプロセスが社内で共有されていることが望ましいと考えます。

　ＢtoＢ企業は、特にこの点を忘れがちです。右から流れてきたものを自社で加工し、左へと流していく、というお決まり仕事に専念する日々だと自分たちが顧客に届けている価値を見失いがちです。自分たちの付加価値は何なのか、絶えず自問自答し続ける習慣はとても重要です。

また、大きな組織であるほど部署間の連携がまともに機能していないケースが多く、口ベタ症状はより悪化していきます。まさに、バリューチェーン（売上に貢献する価値の連鎖）の崩壊です。製造部門は黙々とつくることに専念し、販売・販促のことはまるで無頓着な一方、販売部門は営業にかかりきりになるばかりで、自社商品の真の魅力や強みを失っていることも往々にしてありがちです。

②数字やノルマばかりを重視

社員間のコミュニケーションは適度にあるものの、出てくる言葉は数字やノルマばかりといったケースです。数字に追いかけられてしまうと、社内は次第に殺伐とした空気に支配されるようになります。数字が右肩上がりなら褒め合い、逆に下がっていたら叱責される、といった即物的な判定に一喜一憂している企業は口ベタを発症しやすくなります。

売上が好調な時は一気に駆け上がっていきますが、企業としての価値をしっかりと見極めないままだと、軸が曲がった経営を続けていくことになります。最終的には価格や数量、〝おまけサービス〟でライバルと競い合う消耗戦を繰り広げることもありがちです。競合他社と比較検討され、あっさり顧客から見放されることもあり、急激に業績が悪化していくという事態も起こり得るのです。

③リストラに走りやすい

売上が上がらないことなどを理由にリストラに走る企業も、まさに口ベタに根本原因があるといえます。数字の良し悪しは、天災やコロナなどの避けられない外的要因を除けば、計画と実行の達成度の話です。計画段階で社内での話し合いができていないから、計画倒れや、人員配置ミスを起こしていると考えられます。未来ビジョンを社長の思いつきだけで決めてしまったり、壮大で到底実現できないようなものに設定したりするのではなく、社員たちの話し合いで決定し、全員の納得と協力を仰げる環境整備が必要となります。

外資系企業の雇用は「結果がすべて」であることが多いのでレイオフもよく聞く話ですが、こと日本の企業においては、社員あっての会社経営、というスタンスを忘れないでほしいものです。リストラが多い企業には、新しい人材はなかなか寄り付かなくなります。

いまやインターネットでの口コミでいとも簡単に企業の評価は下がってしまいます。新しい社員を募集する前に、現状の人材育成や社員たちと見据える未来について考えるべき点は多いといえます。

④「優秀」な人材を求めたがる

優秀な人材が欲しくて積極的に採用広告を出しているけれど、なかなか理想に叶った人が来てくれない、という相談を受けることがよくあります。大企業でさえ人材の確保に頭を悩ませている昨今、中小企業が優秀な人材を採るのは、企業の存在を知ってもらうところから施策を練らなければならないので、至難の業といえます。その時にも、口ベタを患っていることが採用難に拍車をかけていることも多いです。

優秀な人材を採れないと相談を寄せる経営者に対して、私はまず、そもそも御社にとって優秀とはどのような人材か、と尋ねます。学歴の高さか、資格の多さなのか、デジタルスキルの高い人材か、コミュニケーション能力の高い人材なのか、英語をネイティブのように話すことができる人材なのか、それとも業界に長く身をおいているバランスのとれたベテランなのか……なにをもって優秀とするのか、まずはそこから決めることを提案します。

私の質問に対して多くの経営者は黙ってしまうか、苦笑して空を仰ぎます。せいぜい元気な人がいいとか、好奇心旺盛な人がいいとかなんともありきたりではっきりしない回答が返ってくるだけです。まさにこれも口ベタな経営者、口ベタな企業の典型的症状です。優秀な人材とはどのような資質や能力がある人物を指すのか、ぜひ社内で話し合ってみてほしいものです。

こういった企業は、採用は求人会社に任せきりであることがほとんどです。欲しい人材を具現化・言語化していないぼんやりとした状態で採用広告を出すため、企業側が想定しているのとはまったく異なる人材を採用候補としてしまうのです。

また外部の会社だけでなく、社内の採用担当者にすべて任せている企業もあります。社長のいう通り元気な人を採用しました、と担当者が採用した人材を実際に働かせてみたら想像していた元気なタイプとは違っていた、というのもありがちな口ベタ企業の困った症状です。まずは社内が必要としている人材を「どんな資質やスキルが必要で、将来、どんな夢を持っているか」など具体化し、採用担当とイメージを共有しておくべきなのです。

⑤ビジョンが曖昧

優秀な人材とは、その企業の魅力や描いている未来を理解し共感して入社を希望してくれる人材、と仮定してもいいと思います。思いや未来に共感できる、この企業で自分の力を試したい、そんな積極的な人材こそが理想の人材であり、そういう人材は入社時のスキルや知識は乏しくとも、抜群の成長力と可能性を秘めています。したがって企業側がまず自社の魅力や未来像をきっちり具体化し、内外へと積極的に発信していく段階を外すことはできません。企業自身がまず口ベタ症状を克服して適切なブランド戦略を展開しなければ、自社の価値に惹かれて入社し、自分の力を存分に発揮して育ち続けてくれる人材など採ることはできないのです。

１００年以上も前の話ですが、ロンドンタイムズに次のような南極探検乗組員募集の求人広告が掲載されました。

> 求む男子。至難の旅。僅かな報酬。極寒。暗黒の続く日々。絶えざる危険。生還の保証なし。ただし、成功の暁には名誉と称賛を得る。

広告文を読むだけで過酷さが伝わってくる仕事ですが、この求人にはなんと５０００人もの応募があったそうです。

ネガティブな部分を意図的に隠すような広告をやめ、嘘偽りのない、実直な姿勢が人の心を動かした事例です。人材は待遇や労働条件だけでなく、社会的使命ややりがいを軸に仕事を選ぶ傾向にあることの証左ともいえます。

企業の提供する価値、そして目指していく未来の姿を勇気をもって公に発信していくことで、待遇面以外の内容に共感した仲間を集めることができます。入ったあともこんなはずではなかった、というミスマッチを招くことはなく、使命感をもって仕事に取り組み、目指す未来の実現に向けて、組織の一員として成長し続けてくれるわけです。現代の若者はソーシャルグッドな世の中づくりに共感・共鳴度が高い傾向にあるため、物質的な満足よりも精神的な満足が彼らの心を動かすことも、口ベタ克服による効果をより高めてくれます。

企業のビジョンが曖昧だと、社員はモチベーションを保つことができません。明確なビジョンを発信し続けていれば、社員は目的意識をもって仕事に取り組め、モチベーションを高く維持し、伸びしろも豊かになります。これがすなわち企業にとっての成長にもつながっていくのです。

⑥「らしさ」を語れない

企業が生き残るうえで売上や利益は確かに大切です。しかし数字よりももっと前提となる源泉の部分、自社の魅力や社風について改めて話し合ったり、これまでの企業の足跡を振り返ったり、将来のことを話し合ったりする時間はとても重要です。しかしそれができていない企業が残念ながら多数となっています。

以前担当した九州の焼酎メーカーから素晴らしいことを学びました。芋焼酎のシェアでは日本屈指の企業で、当時の焼酎ブームを受けて全国の流通や小売店も生産ラインの拡大を熱望していました。銀行もいつでも支援します、という積極的な協力姿勢を見せていました。しかし当時のトップは生産ライン拡大を実行しなかったのです。理由を尋ねたところ、「酒なんぞ、嗜好品。ブームなんてころころ変わる。うちの商品は地元九州の顧客に欠品をつくらないことだけを基本とする」と答えました。売れるのは分かっているのにあえて拡大戦略をとらず、商売の基本原則を徹底することを、社員の皆さんも理解していました。軸が据わっているな、だから長く顧客にも社員にも愛される企業として定着しているのだな、と心を打たれたのを覚えています。

　このように自社「らしさ」を語れる企業は、数字ばかりにとらわれません。浮き足立つことのないようきちんと足元を確認して、自分たちの「らしさ」というものを追求しながら、自社ならではのこだわりを貫いて堅実に成長していくことに重きをおいています。たとえ時代や市場の追い風が吹いて一気に数字を伸ばせるチャンスが到来しても、焦って事業規模を広げていくような、軽はずみな手段は選びません。なぜなら、自社ならではの「らしさ」を無視して勢いだけで組織を膨張させることのリスクを熟知しているからです。頂上に達して、やがて下り坂を迎えたとき、ただ膨らみ続けるだけの軸のない経営では、取り返しのつかない事態に遭遇することは明らかです。

⑦ブランドづくりを密室会議で決めている

自社の現状や未来に危機感を抱いているから、社長直属の経営企画室を新設し早急に対応している、と豪語する社長にも接したことがあります。そういった社長の場合、現実を受け止め対策を講じている点は評価できるものの、閉鎖的な空間に限定して対策本部を展開している点は歓迎できません。企業の未来を決定づける重要事項を密室で決めていては、口ベタ以外の何ものでもありません。

高級路線を売りにしていたのに、上層部からあるとき突然、これからは価格の安さで勝負しますと、これまでの経営指針を根底からひっくり返す通達を受けたら社員の反感を買うことは間違いありません。誰だって勝手にルールや方針を変えられたら拒否反応が出てしまうものです。

上層部だけで決めることが失策に値することの最大の根拠は、なぜそのような決定に至ったのか、プロセスが開示されないことにあります。上層部で議論した最善の解です、と提示だけしても社員の心を動かすことはできません。なぜそうなったのか、そのプロセスを明らかにして、納得の解を与えることをできるかどうかがポイントになります。

家族や学校などあらゆる共同体に共通していることですが、勝手にルールを決められたら誰だって面白くないものです。決まるまでの過程と理由をきちんと開示することで、組織への帰属意識を高めていくことができます。

特に会社のブランド戦略の一環、シンボルマークを決めるとか、新しいスローガンを決めるといった、全社員で共通認識をもつべき重要な決定案件の際は社員の正直な声を吸い上げながら、プロセスを慎重に進めていくことが肝心となります。そして社員の誰もが、マークやスローガンが生まれた経緯を説明できて、スローガンなどに込められている思いを話せる共通言語をもてるようにならないといけません。もっといえば、自発的に話したくなるほど思い入れの強いものにならないといけません。

経緯や思いが社内に浸透しきれば自然と外部へも浸透していくことになります。それができれば他にはないその企業ならではの存在価値となり、差別化要素ができて企業の強みとなり、企業が選ばれ続ける大きな理由となっていくのです。

できることなら、つくるまでのプロセスに全社員が参加できるような仕組みづくりが理想です。全員を巻き込んで、意見を出してもらい、活かしていくことで、組織の信頼関係が厚くなりますし、つくられたものへの思い入れが数倍強くなります。何より企業の口ベタを根本から治療してくれます。

上層部だけの密室状態で物事を決める、一方通行のコミュニケーションではなく、社員一丸になって取り組んで口ベタ解消を目指すのです。いわば、みんなでつくりあげるブランディングです。

⑧社外の意見ばかりに耳を傾ける

これからは「パーパス経営」にシフトしていくべきだ、「ティール経営」を構築すべきだと、外部の勉強会やセミナーで聞きかじった新ワードを社員の前で唐突に連発し始める、言いたいことだけ言って中身の伴わない中小企業の社長にも会ったことがあります。自身としては口ベタとは程遠い人間と思い込んでいるため、唐突で具体性のない命令で社員たちを辟易させ、口を閉ざさせてしまう要因をつくってしまいます。

期待した結果が出ないからと、毎年コンサルタントや広告代理店を替えている企業にも接したことがあります。これは口ベタというか、もはや他社依存症というべき症状です。コンサルタントに言われるがまま、毎年経営方針や組織体制が転化するのですから、振り回される社員はたまったものではありません。あの企業はついこの間まで社員を大事にしていると豪語していたのに、今年に入って急にリストラを始めたよ、なんてブレブレな経営をしていたら、世間体も悪化していく一方です。

　会社が掲げる「ビジョン」と「ミッション」と「バリュー」があり、ウェブサイトやパンフレットには先代から伝わる「理念」と「行動指針」があり、最近コンサルが入って作成したクレドもある、あとは何代目が決めたのか分からないが古くから伝わる「社是」と「社訓」もオフィスの壁に掲げられていて、よく内容を比較してみると互いに矛盾している点も見られる……そんな概念地獄の企業も決して珍しい話ではありません。何に従って動けばいいのか、社員は方向性に迷い、社外にも納得のいく説明ができません。

　また会議においても日本はとにかく舶来品に弱いようで「合意」を「コンセンサス」と呼んだり、「議題」を「アジェンダ」といったりなど、例をあげればキリがありません。ただ言い換えただけと言いたくなるような、カタカナ用語の多い状態では、何も前進できていません。

一見すると企業の未来を見据えた盤石の方針であったとしても、自ら穴にはまる采配を振ってしまうこともしばしばあります。例えばＤＸ企業セミナーを受講した社長が、社内業務をデジタル化すれば補助金が出ることを聞き、さっそく導入しようと社内のシステム一新を決定するようなケースです。いきなりＤＸ企画室などといった部署を立ち上げ、担当者を任命していざ進めてみても、誰にも使いこなせていない複雑なシステムが完成しただけでは、結局以前のシステムへと戻ってしまいます。これでは社員に余計な負担をかけさせ、ＤＸにかけた予算はドブに捨てたようなものです。新しいはずのシステムは化石と化してしまいすべてが無駄に終わります。

こういった聞きかじりで着手するやっつけ経営では、社員を呆れさせ物も言えなくする口ベタを助長してしまいます。新しいものを次から次へと取り入れようとするミーハーな経営者はまさしくこのタイプであり、自ら企業を方針が見えにくい口ベタな状態へ陥れているのです。

外から新しい言葉を拾ってくること自体は悪いことではありません。外部の専門家の意見や助言は、組織内の現状に客観的な視点を与えてくれる格好の材料になります。

　問題は外から借りてきた言葉を自分のものにしていないことにあります。自分たちの言葉ではないため、企業の本質部分からぶれてしまうことが多々あり、社員の心を強く揺り動かすほどの影響を与えることができないのです。そこで外部から受けた刺激をもとに、さらに社内で掘り下げて、自社ならではのものへと昇華させていく作業が非常に重要となります。

　イノベーションを巻き起こすことが大事だと外部から吸収したなら、社内でイノベーションを連呼するのではなく、自社にとっての新しい価値を生み出すための改革や刷新はどうしたらできるのか、みんなで話し合って決めていく。「パーパス経営」が大事だと聞いたから、自社にとっての「パーパス」とは何なのかを話し合ってみる。このように、最終的には外部から借りてきたままの言葉ではなく、自分たちの言葉に置き換えていく過程が、組織の口ベタを解消するとともに、企業を新しいフェーズへと突入させることができます。

　外部から取り入れた真新しいけれど漠然とした言葉たちよりも、内部から搾り出された生の言葉のほうが、グッと心をわしづかみし、関わる人たちのモチベーションを高めさせます。口ベタな状態から抜け出すには、自分の言葉で話せる話し上手であること、そしてあらゆる意見に耳を傾けられる聞き上手である姿勢は欠かせません。

⑨ カリスマ社長やエース社員に頼りがち

人の心をつかみ、仲間を巻き込み、引っ張っていく人徳に加え、マネジメントや営業力も抜群に持ち合わせている。そんなカリスマ性に秀でた社長が現役を退いた瞬間、顧客や人材が離れていき、急速に力を弱めていく経営の失敗事例は有名な企業でも珍しい話ではありません。

また小規模な企業では、社員一人が企業に及ぼす影響力は絶大です。卓越した営業力や技術力を持ったエース社員が転職や退職で現場を去ることで、一気に戦力が低下し、経営が窮地に陥る中小企業もあります。

口ベタ云々以前に、個人に頼りきりの依存経営をしているのがそもそもの間違いです。人についていく経営ではなく、企業理念やビジョンについていく経営を目指す意識に欠けているから、世代交代の節目で経営が追い込まれてしまうのです。

この企業が好きだから、今の関係を続けたい。ではなぜ好きなのか、人をつなぎとめているものは何なのか。受け継ぐべき思いやビジョンを形にし、しっかりと後継者に渡すことで、前任が退いたあとも企業が存在していく価値が保持されていきます。カリスマ社長やエース社員に頼らなくても持続できる盤石な体制が築けます。

業務を可視化し、ノウハウをテンプレートにして共有化することで、個人の能力を問わず誰もが業務に携われるようにする仕組み化が近年では企業の生き残り術として頻繁に叫ばれています。こういった個人技に頼らないオートメーション化ももちろん大事なことではありますが、より優先的に企業が社内外に伝えるべきは、企業の本質的な存在価値です。高齢化した創業者が現役を退く前に、あるいは事業がうまくいっているうちに、きちんと企業の核にある思いを明確にする必要があります。

うちは社長のカリスマ性だけでなんとかなっているから、社長がいなくなったら続けられない、形にしても意味がない、なんて諦める必要はありません。ある企業は創業者の卓越した求心力と営業力に依存した属人的な経営で生きながらえてきました。創業者が高齢となり、いよいよ事業承継が差し迫ったとき、自分にカリスマ性がないことを実感していた二代目社長は、経営危機を感じ取っていました。そこで創業者から創業時の思いを聞き出し、なぜこの企業は存在するのか、世の中にどのような価値をもたらしているのかなどを形にし、企業理念としてまとめたのです。そして社員全員に、二代目の私の言うことは聞かなくてもいいから、この理念にしたがってほしい、次の行動選択に迷ったら必ずこの理念を見返してほしい、と伝えました。いわば「ビジョン経営」といわれる方針に変換したのです。こうすることでビジョンが創業者の分身となり、創業者のいたころと変わらず、企業を愛する人材を集め、既存の顧客や新規の顧客に支持され、事業承継の山場を乗り越えることができました。この企業は創業時の思いを形にすることで、人に頼らず、ビジョンを遂行していく経営を見事に成し遂げることができたのです。事業承継が行われるタイミングは、企業を一気に総点検する絶好のチャンスなのです。

⑩ 過去の成功体験ばかりを話す

世の中は目まぐるしく動き変容しているのですから、人間も企業も時代に合わせて柔軟に変わっていく必要があります。

単にいいものをつくっていればいい、という時代はとうの昔に過ぎ去りました。過去を振り返り、現在のありのままの姿を見つめ、ではどのような未来を描いていくのか。企業が改めて自分たちの存在価値を見直すことで、自社ならではのブランドが生まれ、具体的な戦略を見通すことができます。

その上で意識したいのは、過去の成功体験に縛られすぎないことです。うちは昔からこのやり方で続けてきたからこれからも同じことをしていく、といった社会の流れを無視した経営は、先行き不透明な現代では特に自らの首を絞めるだけです。かつてうまくいったやり方はもう通用しないと思って、新しいやり方にシフトしていく姿勢が望まれます。

以前にテレビＣＭで広告を大々的に展開したら業績が伸びたから、またＣＭをやりたい、という相談を受けることもありますが、まず本当に今の時代もＣＭだけで成功するのかを考えないといけません。「それって10年前の話でしょう、そのときとは時代がまったく違いますよ。そもそもＣＭを通して企業のどんな価値を届けたいのですか」と尋ねると、うーんとうなるだけで沈黙してしまう口ベタ社長は多いです。

他社がウェブサイトを一新してうまくいっているみたいだから、うちもウェブサイトをリニューアルしたいんだけど……という相談も多々受けます。これまた、なぜウェブサイトなのか、そこにどういった思いを込めたいのか、そこが肝要であるのに、多くの企業が周りの成功体験の噂だけで本質を考えることなく展開していこうとしています。

反響の大きな広告を考えることも、かっこいいウェブサイトをつくることも、時間とお金をかければできることです。そしてごく一時的な効果も見込めるかもしれません。しかしそれでは単に問題の先送りにしかならないのです。口ベタ症状の治療、口ベタによって発生している諸症状の病巣を駆逐することが何より先決です。社内の冷え切った雰囲気を温めるべきですし、取引先や顧客との関係性を見直してみるべきです。全社員あるいは取引先や顧客も巻き込んで、自社の価値を改めて定義していくことが肝要なのです。

過去の成功体験のことばかり振り返って、あのころはよかったで思考停止する社長もいます。時代が変わったことを認め、我々のやり方は通用しないね、斜陽産業だし下がっていくのを見守っていくだけだね、なんて諦め口調の社長もいます。これでは、最悪の口ベタ企業に成り下がるだけです。

過去のうまくいったころと同じやり方で通用するなんて考えは捨てるべきですが、そのころに得られた経験はその企業ならではのものであり、これからの時代を乗り越えるための大きな原動力になり得ます。いま一度企業のこれまでのことを振り返って、自社が得てきた技術や知識は何なのか、どういった強みをつくってきたのかを話し合う時間を設けることが大切です。企業が根っこに持っているＤＮＡを見直すことで、新しい未来が開け、現状の打開策が見えてくることは十分に考えられます。

結局はまず習慣化している口ベタ症状を克服しないことには、企業の未来は明るくならないことを自覚しなければなりません。

［第3章］

現状を洗い出し
尖った特徴を生み出すための
「価値の再定義」と社内共有

目指すは「愛され体質」の企業

企業がどのような状態になったとき、口ベタを克服できているといえるのかというと、分かりやすく言えば、社員にも顧客にも地域にも、「よい評判を形成している」状態になっていることだと思います。つまり、昔から言われている近江商人の経営心得「三方よし」の状態である売り手よし、買い手よし、世間よし、なのです（最近では「未来よし」も加わって〝四方よし〟とも言われています）。提供する商品やサービスが良質で分かりやすく、仕事に一生懸命で、社員が威勢よく楽しそうに働いていて、社会に喜ばれている、そんな世界観がにじみでている感じではないでしょうか。

そして、最も重要なことなのは、関わるすべての人たちに「好意と共感と応援」という好感度のイメージを抱いてもらう企業になるには、まずは企業サイドから関わるすべての人に好意をもって「ありがとうございます」のオーラを醸し出していないといけません。顧客から、いい商品やサービスを提供してもらい「ありがとう！」、企業からはいつもご愛顧いただき「ありがとうございます」という感謝の関係が長く続く好循環のベクトルづくりです。

［図表８］「愛され体質」の連鎖

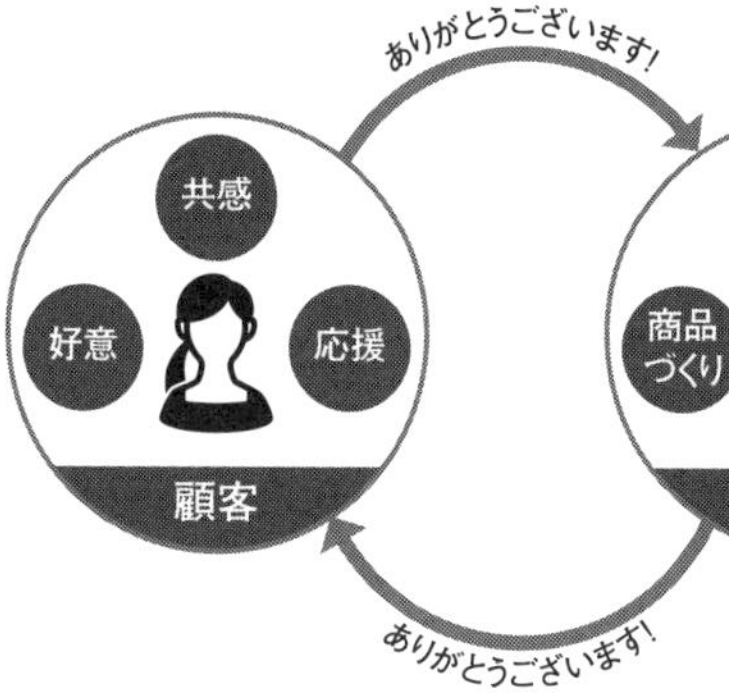

“ありがとうございます”の「愛され体質」の連鎖をつくる

基本中の基本であり非常にシンプルですが、実はこれがいちばん難しく、そして最も企業が忘れやすいポイントです。

　経営とは、売上や利益、事業計画、成長率など、どれも大切で重要な指標ではありますが、顧客あっての事業、顧客の笑顔のリターンがあってこそ、ビジネスは評価されるのです。まさしく「評判づくり」であり、それが私がいうところの「ブランドづくり」です。

　そういう意味で事業が笑顔になる源泉のチェック項目があります。

- 社長は社員のことを大切にしているか
- 社員は会社を大切にしているか
- 社員は自社商品を大切にしているか
- 社員は取引先やお客様のことを大切にしているか

改めて自問自答してみてください。大切だ、感謝している、と心の中で思っていたとしても、きちんと言葉にしていなければ相手には伝わりません。大切と思ってもらえるような具体的な行為を、普段から継続して実践しているかを考えてみてください。

経営が順調な企業には、企業の一員として働いていることに誇りをもち、士気が高く、楽しく、苦しいときもめげず、顧客に好きになってもらうための工夫を実践し続けている人が多数います。そのような人たちの集合体だから、企業全体の業績も右肩上がりを続けているのです。

仲睦まじいカップルに例えると、互いにポジティブな言葉で声を掛け合いますし、相手に喜んでもらえることをしようと心がけます。パートナーが落ち込んでいるときは元気になってもらえるよう一生懸命に励まし支えます。だからこそ相手にも好かれ愛され、いつまでも良好な関係を続けているのです。

これは企業と人との間柄でも同じことです。たとえ企業が曲がり角にさしかかり、前途多難な時期に差し掛かったとしても、手を差し伸べ、ときには意見し、改善へ向けたサポートを献身的に行ってくれるような社員、顧客、取引先、地域に恵まれる企業を目指していくのです。関わっていることが、楽しい、うれしい、リスペクトできる、勉強になる、成長につながる。そう思ってもらえるよう実践、研鑽《けんさん》していくことが本書の主題であり、口ベタな企業が行うべき意識改革です。

口ベタ企業はこういった「心が通う関係づくり」が、かなりおざなりになっていると感じています。取引先や顧客との関係値を、数値化されたデータだけで推し量り、数字の上下に一喜一憂してばかりいないでしょうか。問題がないのをいいことに、顧客や取引先のニーズの確認を怠っていないでしょうか。いま一度、自社の立ち位置を振り返り、ビジョンや「らしさ」が伝わっているかを考えてみてください。

ブランディングは「理想の姿」と「いまの姿」の差を埋める作業

ブランディング作業のヘソは、実はこの作業がほとんどといっても過言ではありません。ブランディングは、ブランドコンセプトをつくり、その思いを凝縮した、「言葉（タグラインやステートメント）」「シンボル」「トーン＆マナー」「展開ツールの整備」などのブランド体系づくりを運用していくことですが、現状と未来の姿のギャップに気づき、それを埋めていく作業なのです。

ブランドがベストバランスな状態を「企業と顧客の信頼関係」というならば、それはカップルの「相思相愛の関係」と置き換えてもいいでしょう。それは一言でいえば、「こう思われたい（理想の姿）」と「こう思われている（いまの姿）」がイコールで結ばれている状態です。この状態こそが口ベタを解消し、素晴らしいブランド戦略が展開できている証しと断言して間違いありません。

個人を例にしてみます。気になる異性がいて、好意を寄せてもらうため相手に自分を印象付けようと奮起するとき、具体的にはいい服を着て見栄えをよくしたり、こまめに声掛

［図表９］「思われたい」「思っている」の恋愛図

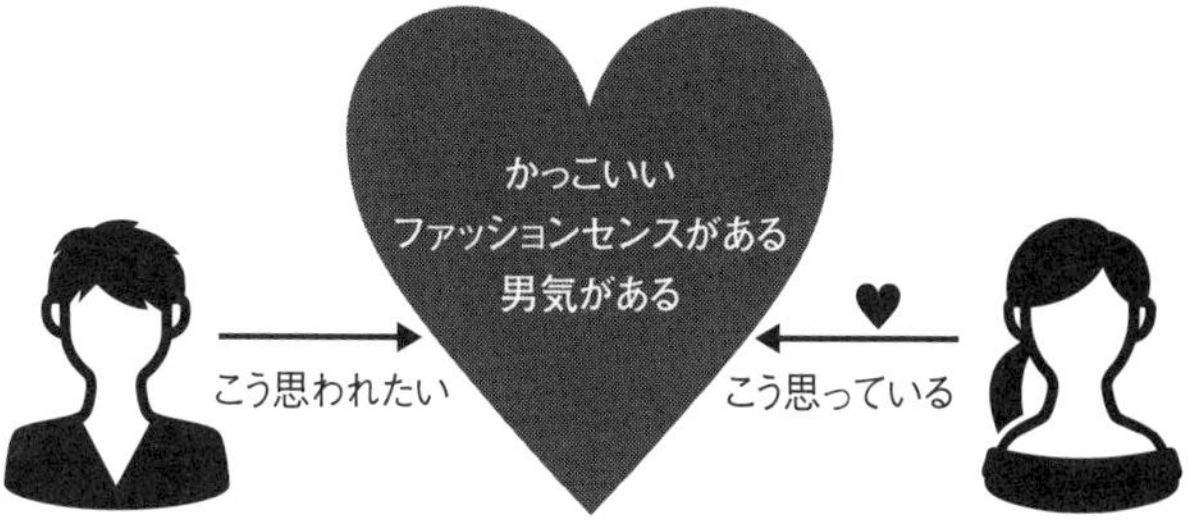

「こう思われたい」が正しく伝わっているか!?

けをしたりしてコミュニケーションを図ります。「かわいい」とか「かっこいい」とか、親しみやすいといった感情を意中の相手に抱いてもらうために実践する、自分用のブランドづくりです。しかし相手が心の中で「服装がダサい」「やけになれなれしい」「やたら話しかけてくるので鬱陶しい」など、自分の思惑とは裏腹の思いを抱かれていたら、好きになってもらうためのブランド戦略は完全に失敗に終わります。

このように自分が相手に「こう思われたい（理想の姿）」と、相手から実際に「こう思われている（いまの姿）」の差が大きければ、当然のように興味の対象とはならないですし、比較検討もされないわけで、最悪は嫌われてしまい距離をおかれてしまうものです。これは個人だけでなく商品や企業でも同じことです。

間違ってはいけないのは、ブランドは他人が決める評価・評判で、その評判を常に育て続けるものです。自らが、我が社のブランドはこれです、と一方的に浸透させようとしても、周りにそう思ってもらえていなければブランド戦略は失敗に終わります。「うまい！」という看板を立てておきながら、実際にはおいしくなかったらダメ、「安い！」を売りにしていても顧客が高いと感じたらダメ……悲しいかな、審判はその場で下されます。真実は、そのサービスを体験した瞬間で決まるのです。ですから、いかなるタッチポイントでも手を抜くことはできません。

一方で、味はそこそこだけどめちゃくちゃ安い、あるいは店長がチャーミングでステキ！といったことを強みにしていて、本当にそうだとユーザーが感じれば、ブランド戦略は成功、好きになってくれたファンが足しげく通ってくれるようになります。

自社が抱えている「こう思われたい」と、実際の「こう思われている」のギャップを知る。そして、「こう思われたい」という情報が正しく伝わっていないならば、正しく分かりやすく伝える努力や工夫が必要となります。これがブランディング作業です。ブランドとの接触点（タッチポイント）は、「カスタマージャーニー」という言葉とともに語

［図表 10］　ブランドとのタッチポイントと評判の関係

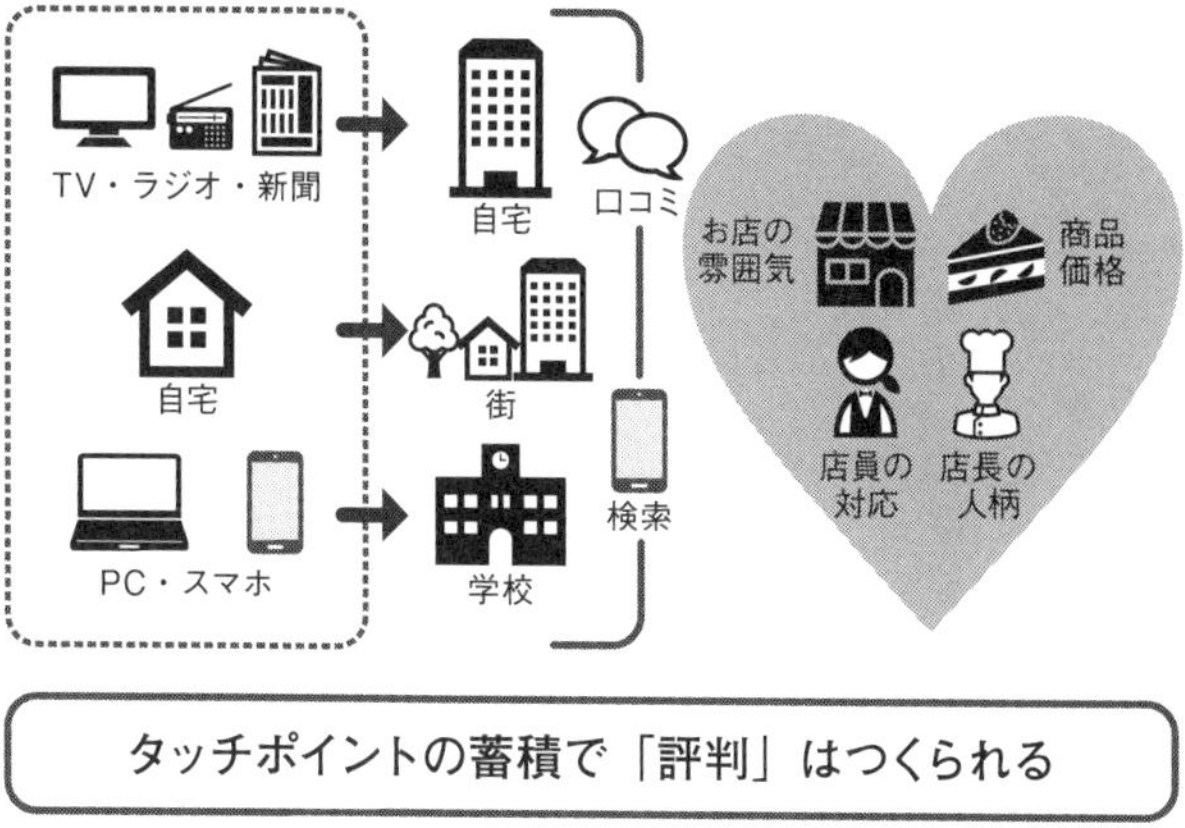

られることがよくあります。「カスタマージャーニー」とは、顧客が認知してから購買までの考えや行動のプロセスのことです。お客様の動線でブランドの記憶は蓄積されます。例えば、顧客が自宅から会社や学校に行くとして、その間や移動した先で出会うブランド体験で、その評価が蓄積されていくというものです。

　都心にできたケーキ屋さんを例にとります。自宅で見たテレビで食レポを見て、通勤途中にスマホでホームページやレビューをチェックし、おいしそう、行ってみたい、という衝動を会社の同僚と話して、さっそく現場のケーキ屋さんに行ったら、

「今までにないおいしさで見た目も美しく、店員や店長の人柄もなかなかのもの。ついでに開店サービスのクッキーも付けてくれて、満足のケーキ屋さんでした！」と、SNSで書き込みます。後日、それを見た友人が同じ店を訪れる……そんなふうに評判は駆け巡ります。これもテレビやホームページ、口コミ、お店のイメージ、スタッフの対応、商品づくり、サービス、SNS対応など、細部に気を配って成功しているブランディングこそまさに「評判づくり」です。

というわけで、まずは企業がどう思われたいのかをはっきりさせる。これに限ります。そうすることで企業の意思や魅力が整理され、存在価値は見いだされ、社員の理想的なイメージ像や、周りに価値を発信していくべき方法など、各ブランド戦略が明確となっていくわけです。

ブランディング作業の開始は、トップの話を聞くことから

ここからブランディング作業の流れをお話ししていきます。実施していく手順は図表11のフロー図のとおりです。

まずは、①「現状の課題ヒアリング」で、なぜ今回の依頼に至ったかをヒアリングします。時代にそぐわないと思ったから、代表が代わったから、デジタルに後れをとっているから……、課題は千差万別ですが、最初の段階では、このヒアリングにとどめておきます。

断っておきますが、ここではインタビューは行いません。Hearingとはそのままの意味で、依頼内容を聞く段階です。後日、情報が集まり理解が深まったところで、インタビューに移ります。Interviewも語源の通りで、お互いの間の景色（視点や意見）をあれこれとやりとりするものです。情報が集約されたうえでインタビューを行うことで、問題解決の解像度がグンとあがります。

このヒアリング&インタビューは、トップだけにお願いしています。会社をつくった頃のそもそも話から、現在、そして未来の絵づくりまで、趣味話や脱線話も含めて、いろいろやりとりします。時には長時間に及んでしまい食事やお酒、時にはカラオケまで行って、トップの人となりを伝授していただきます。そんな中から会社の輪郭や人柄が見えは

［図表 11］　ブランディングワーク手順①

1　社長インタビュー〈現状の課題ヒアリング〉

いまおかれている現状の課題の全体観を聞く

2　既存資料の読み込み〈データ収集〉

・会社案内・社史・製品カタログ＆チラシ・掲載記事・ビデオほか

3　ビジネスモデルや競合確認、バリューチェーンを確認する

4　インタビュー

・社長（ロングインタビュー、そもそもから今・未来まで）
・社内（管理職、中堅、若手）
・顧客（長い顧客、直近の顧客、もしくは事業別）
・協働企業（グループ企業や関係企業、団体）

5　キーワード因子出しワークショップ

上記の情報から

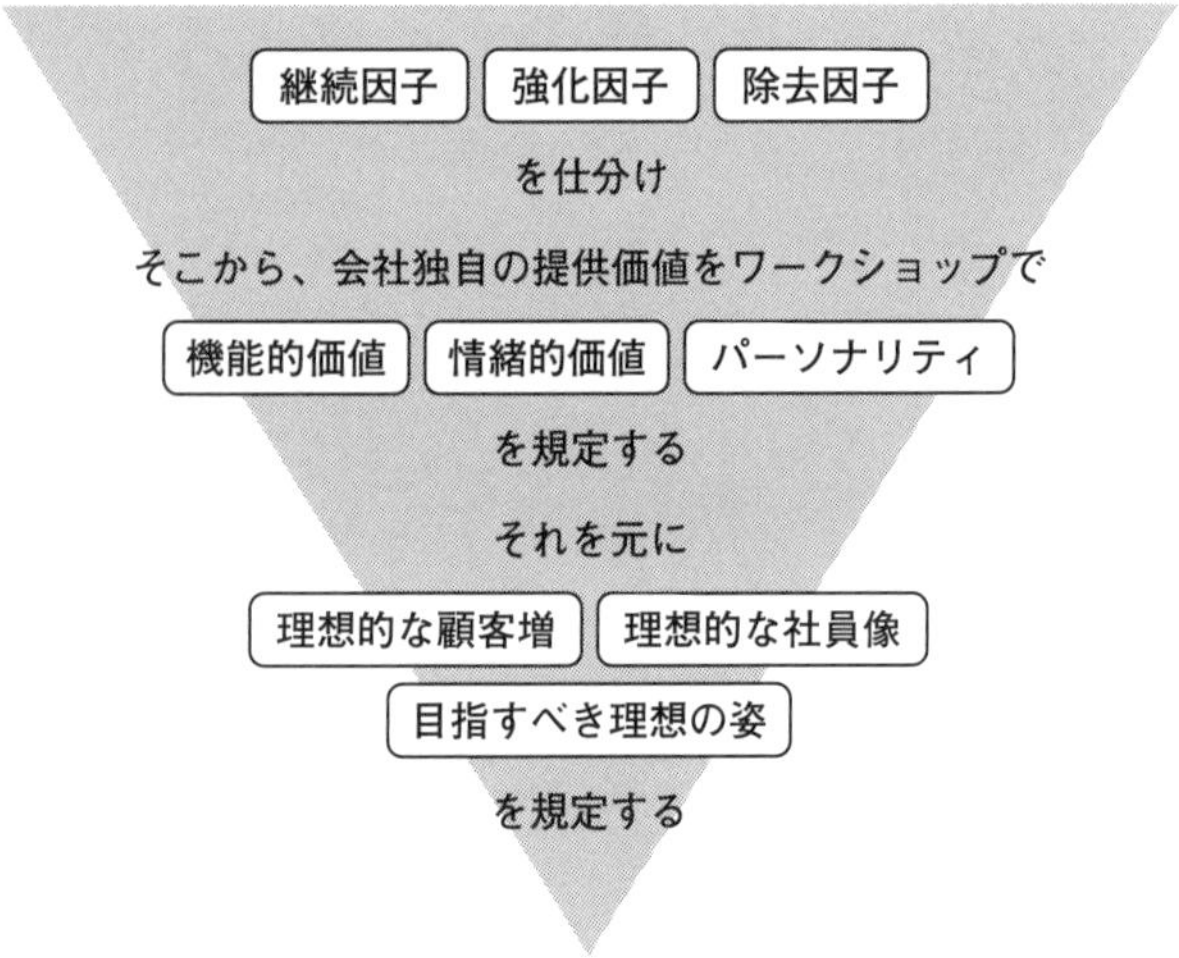

じめてくるのです。

その後、トップの意見を取り入れながら、ブランディング作業を実施するメンバーをキャスティングしてもらいます。おおよそ10人から15人ぐらいで、トップはもちろん管理職、中堅、若手、そして男女など、どのクラスもバランスよく配合してもらいます。次の代を背負いそう、背負わせたいと思う方々を選んでいただきます。

そして、そのメンバーが人選されたらキックオフです。会議室に一堂に会してもらい、今回のブランディングの必要性、そもそもブランディングとは何か、なぜ必要か、そしてそのためには皆さんの力が必要であることを話します。全員の自己紹介とともに、全員が「選ばれし戦士」としてのモチベーションを高めてもらいます。決して密室作業にしないためにも選ばれし戦士は、会議後、各自の部署に戻って、今回の会議の件を仲間に話してもらうことを約束します。そうすることで全員にブランディングをやっていることを周知していくのです。

会社を知るための資料は多いほどいい

次に②「既存資料の読み込み」で、会社の既存資料を用意してもらい確認を行います。会社案内にはじまり、商品パンフレットやチラシ、採用パンフレット、社内報、業界誌、ホームページにSNS、ブログ、会社や製品のことが載った新聞や雑誌記事の切り抜き、以前に放映されたテレビ番組の録画、さらに会社で現在使用している名刺や封筒、ユニフォーム、グッズといった営業ツールまで……会社に関するあらゆる資料を一式用意してもらいます。

これらは会社を知るうえで必要なデータであり、現在のタッチポイントの「顔」を知るためのものになります。大きなテーブルにそれらのツールを一堂に並べてみると、イメージの統一がどのレベルか、ひと目で判断できます。ツールによってイメージがバラバラな会社がほとんどで、色使いや文字のフォント（書体）も規則性をもっていないことが分かります。

［図表12］ 業務のバリューチェーンを可視化する

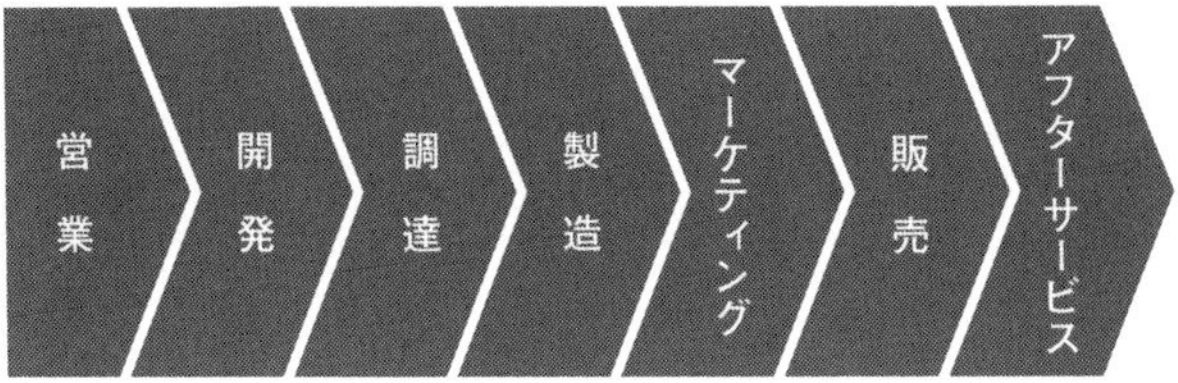

ビジネスの流れを知る

ヒアリングをし資料を読み込んだら、③ビジネスモデルや競合、バリューチェーンの確認を行います。これらを書き出して、どういう流れで製品が生み出され、どんな技術が使われ、どのようなスピードで納品されているか。もっと言えば、仕入れの発生や、請求、入金までの流れも知っておくと会社の稼ぎのサイクルや全体感を知ることができます。またエンドユーザーには、どんな形で届いているのかも知っておきたいものです。さらに途中段階において外部委託しているようなBtoB企業ならば、どこの製品やシステムを組み込んでいるか、なども挙げておくことが重要です。

まずは事業活動の流れを大きくとらえ、作業工程ごとに細分化していくと、部門別、機能別に役割や付加価値、そして人員配置、必要能力が見えてきます。

メンバー選出と個別インタビューでキーワード抽出

こうして企業の情報の整理を済ませたらいよいよ④インタビューを行い、現場の〝生の声〟を引き出します。

インタビューには一つだけ注意点があります。なんでも話せる立場の役割のキーマンが必須となります。外部の会社がサポートして入る場合は問題ありませんが、社内でインタビューする場合は、経営企画の方や総務の方など、上とも下ともつながりを持っている人物が適任です。1対1のミーティングでは特に個人的な本音が吐露されることになるので、インタビューする人は秘密を厳守できることが大前提です。

まずは1対1の個別インタビューから始まります。全社員からじっくり時間をかけて聞き出すのが理想ですが、50人や100人を超える規模の企業だと時間がいくらあっても足りないので、メンバーを選出します。

構成メンバーは、社長を筆頭に各部署の部長クラス、中堅、若手をバランスよく選出するのが理想です。例えば部署が大きく総務・営業・技術の3部署あるとしたら、社長に加えて各部署から部長・中堅・若手の3人ずつ、計10人をメンバー選出します。年齢や男女を問わず、企業の在籍期間を軸に満遍なく編成します。

彼ら選出メンバーが、企業の口ベタを治療しながらブランド戦略を練っていく中心メンバーになります。

一人当たり1、2時間程度の1対1での個別インタビューを行います。聞き出したい主な質問リストは以下のようなものになります。

●自社について

- なにを稼ぎの中心にされていますか？
- どんなビジネスの特徴がありますか？
- 強みと弱みについて教えてください。
- どんな理念を掲げている会社ですか？
- あなたはそれを、どう思いますか？

●組織について

- 社内の空気はどうですか？
- 社員の働く意識はどう感じますか？
- 社員は仲がいいですか？
- 社長や上司とよく話しますか？
- どんなところにやりがいを感じますか？

●競合について

- 競合はどんな会社ですか？
- 競合より勝っている点、劣っている点はなんですか？

●顧客について

- いまの顧客はどんな方ですか？
- どんな顧客が理想ですか？
- どうしてこの会社を選ばれましたか？
- 世間から、どう見られている会社だと思いますか？

●ブランドについて

・御社にブランドがあるとすれば、なにがブランドだと思われていると思いますか？

・そのブランドは誇れるものですか？　誇れないなら、それはなぜですか？

●未来について

・10年後、どんな会社になっていてほしいですか？

・その理想のために、会社は何をすればいいですか？

・その理想のために、あなたは何をすればいいですか？

インタビューしていくうえで気をつけたいのは単なる一問一答に終わってしまわないこと。インタビュー相手の答えに対して、なぜそのように答えたのか、理由を根掘り葉掘り聞いていく心構えが聞き手には必要です。インタビュー相手の深層に迫れるよう、「なぜ」と疑問をもつ意識は忘れてはいけません。これが口ベタの解消、企業の魅力をより鮮明にするために一役買ってくれます。

また、インタビューは必ずフラットな状態で進めていくようにします。嘘偽りのない、等身大の自分をさらけ出してもらうようにすることが重要です。

　インタビューから引き出される言葉は実に千差万別、多様な意見であふれています。部署によってまったく毛色の違うものが出てくることでしょうし、立場や在籍年数によっても差が出てきます。

　インタビュー後、各対象から引き出された言葉たちを要約し、キーワードとして抽出していきます。これらのキーワードは企業を語るうえでの重要な「因子」であり、のちのち行う企業価値の再定義、未来の姿を見つめていくうえで重要な役割を担います。

　余裕があるのであれば、同じ質問を全社員に行いたいところです。ウェブ上にアンケートフォームを作成したり、用紙を配布したりして答えてもらうようにします。できるだけ全員を巻き込んでいくことで、企業の「こう思われたい」と社員の「こう思っている」のギャップが鮮明となり、今後のブランド戦略により磨きがかかっていきます。

　集計結果を要約しキーワードを抽出していく作業は一筋縄ではいきません。骨の折れる作業ですが、これらの因子から編み出されていく企業価値というのは、恒久的に企業で活かされ続けていく大きな財産となります。小さな声に大きな発見があると思って、組織の端から端まで、全員を巻き込んで漏れなく拾い上げることを心がけます。

取引先や顧客から客観的視点を手に入れる

さらに積極的に実施したいものが、社内のヒアリングだけでなく社外の関連企業にもインタビューの場を設けたいところです。取引先や顧客など得意先から、昔から付き合いがあるところ、付き合いを始めたばかりのところなど、少なくとも3社ほど選びます。1、2時間程度のインタビューを設定し、質問したいリストは以下になります。

- その企業が提供している価値は何か
- その企業の強みと弱みは何か
- その企業と仕事をしている理由は何か
- 他社と比較して優れている点と劣っている点は何か
- 改善してほしい点は何か

オンラインも併用したワークショップ

もちろん秘密は厳守で、忌《き》憚《たん》のない意見を聞き出します。一問一答で終わらせることなく、なぜそのように答えたのか、理由を深く追求することでより自社の価値を再定義するための貴重な材料を集めることができます。

　とはいえなかなか本音を引き出すことは難しく、私の会社のような第三者機関なしではヒアリングは困難かもしれません。ヒアリングできたとしても、企業間の関係から無難な回答しか返ってこず、あまり悪いところは引き出せない可能性も高いです。

　社内ヒアリングと同様、こちらもアンケートフォームなどを作成して取引先や顧客に無記名で回答を求め、たくさんの客観的な声を集めるようにします。こちらのほうがより秘匿性が高められるので、本音の意見が引き出せるかもしれません。集められた声を要約し、キーワードから因子を抽出します。これも社内ヒアリングと同じ流れです。

社外の声を拾い上げるとなると、どんな意見が出てくるやらと前のめりになる社長もいれば、悪評ばかりだったらどうしようと尻込みする社長もいますが、自社の価値を決定づけるうえで適度な距離感を保っている人からの客観的な意見ほど参考になる材料もありません。やっぱりそうか、うちはこれが強みだったんだ、と再確認でき、自社の提供価値を理解してもらえていることに喜びを感じることもあれば、そこがうちのいいところだったのか、と意外な自社の良さに気づけることもあります。

縦横の壁を取っ払った「フラットミーティング」のススメ

ここまで企業の仕事を読み取り、バリューチェーンの流れを知ることで仕事の活動軸を確認。そして、社員から、現場の〝生の声〟を集めました。つまり、現状の資料があらかたそろったわけです。

［図表13］ フラットミーティング

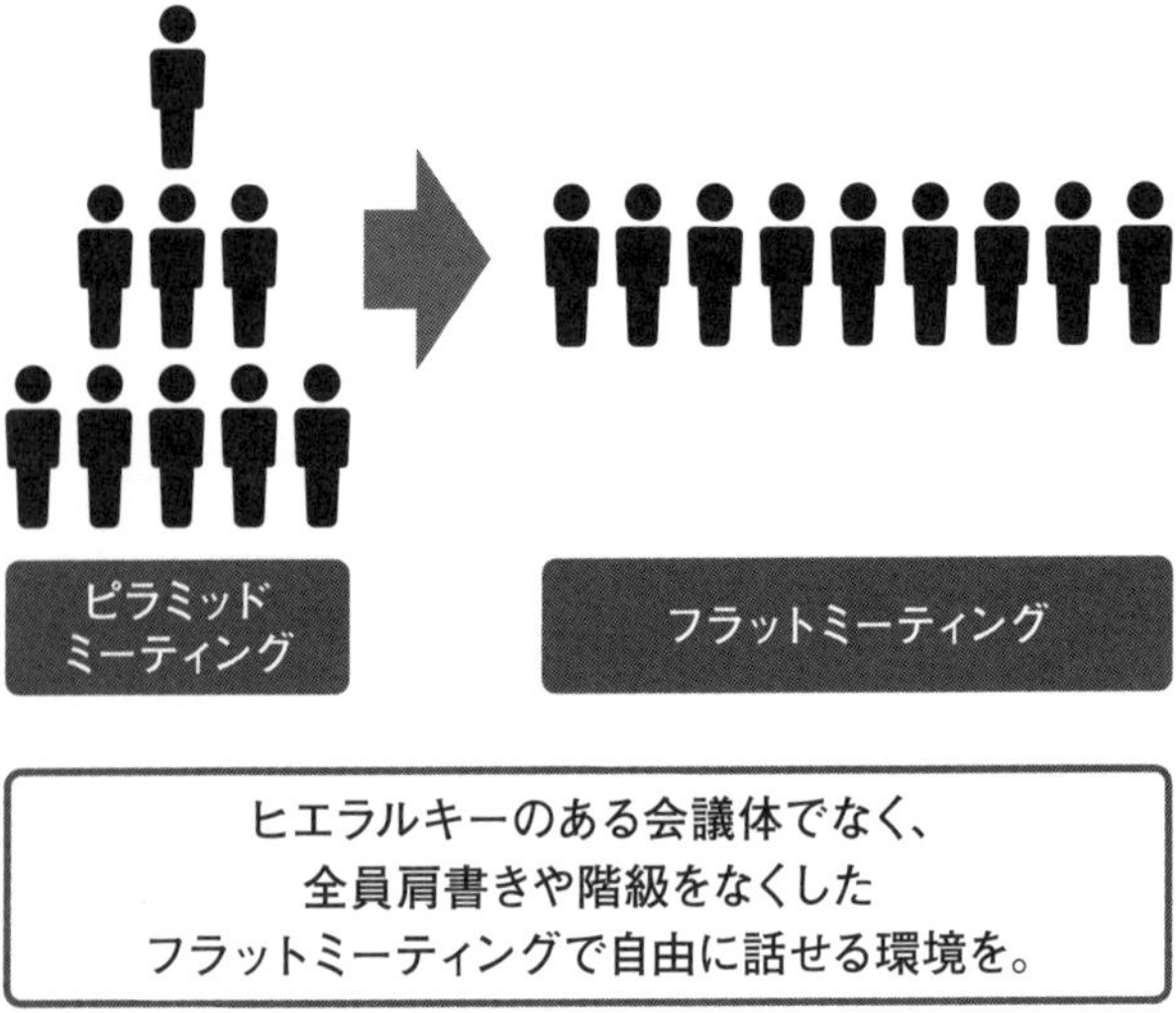

その作業のワークショップの会議体を、私は「フラットミーティング」と呼んでいます。組織の縦横の関係を取り払った場づくりです。上下のヒエラルキーの関係や肩書きをなくし、部署間の横の隔たりを取っ払い、気兼ねなく話せる雰囲気をつくっていくことが肝心です。上下関係などのしがらみ意識が芽生えると、途端に積極的に話せなくなったり、体裁を繕った建前の発言が増えてしまったりします。ありのままの本音を言い合えるよう、社長や部長の肩書き

［図表14］　対内尺度（社内の意見）と対外尺度（社外の意見）

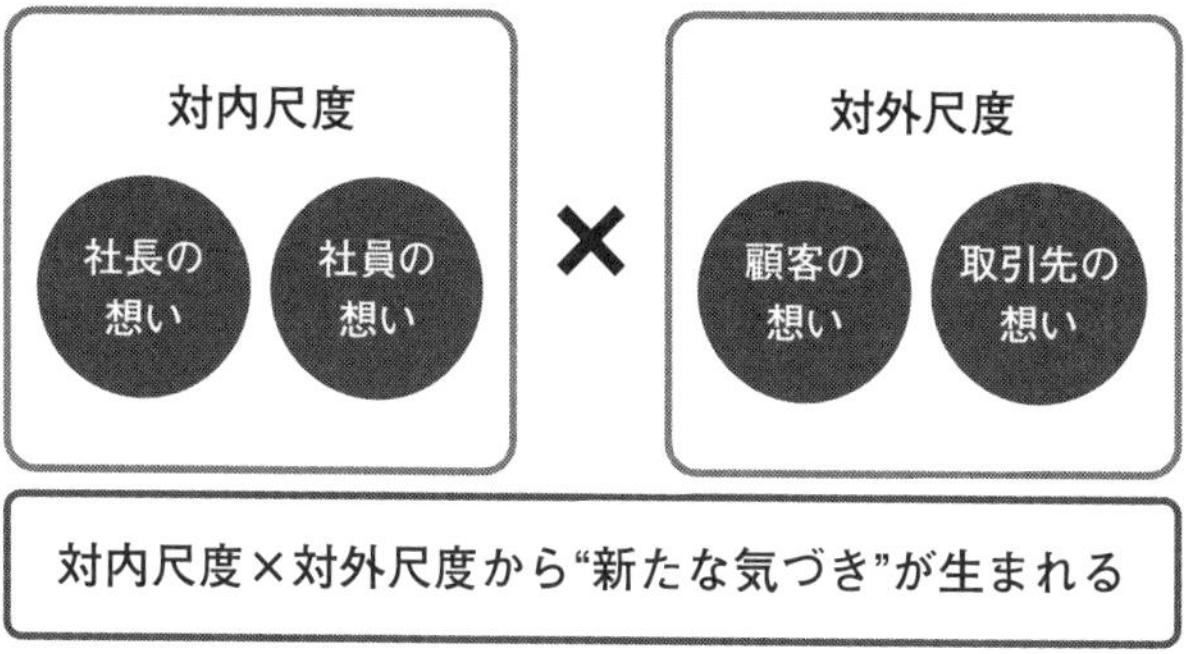

を捨てて、全員が同じ目線で語らえるフラットな環境の実現を目指します。ネクタイも外してラフな格好で実施してください。上層部の方には申し訳ありませんが、ここぞとばかりに無礼講な会議体を目指します。

新陳代謝を促す因子をみんなで洗い出す

メンバーへの個別インタビュー、そして取引先や顧客への聞き取りから引き出されたキーワードたちは、必ずしもすべてを守るべき重要因子として残す必要はありません。何でもかんでも採用して自社価値として吸収するのではなく、突出させたいキーワードだけを残し、新陳代謝を促すことを考えま

［図表15］　企業の新陳代謝を促す3因子

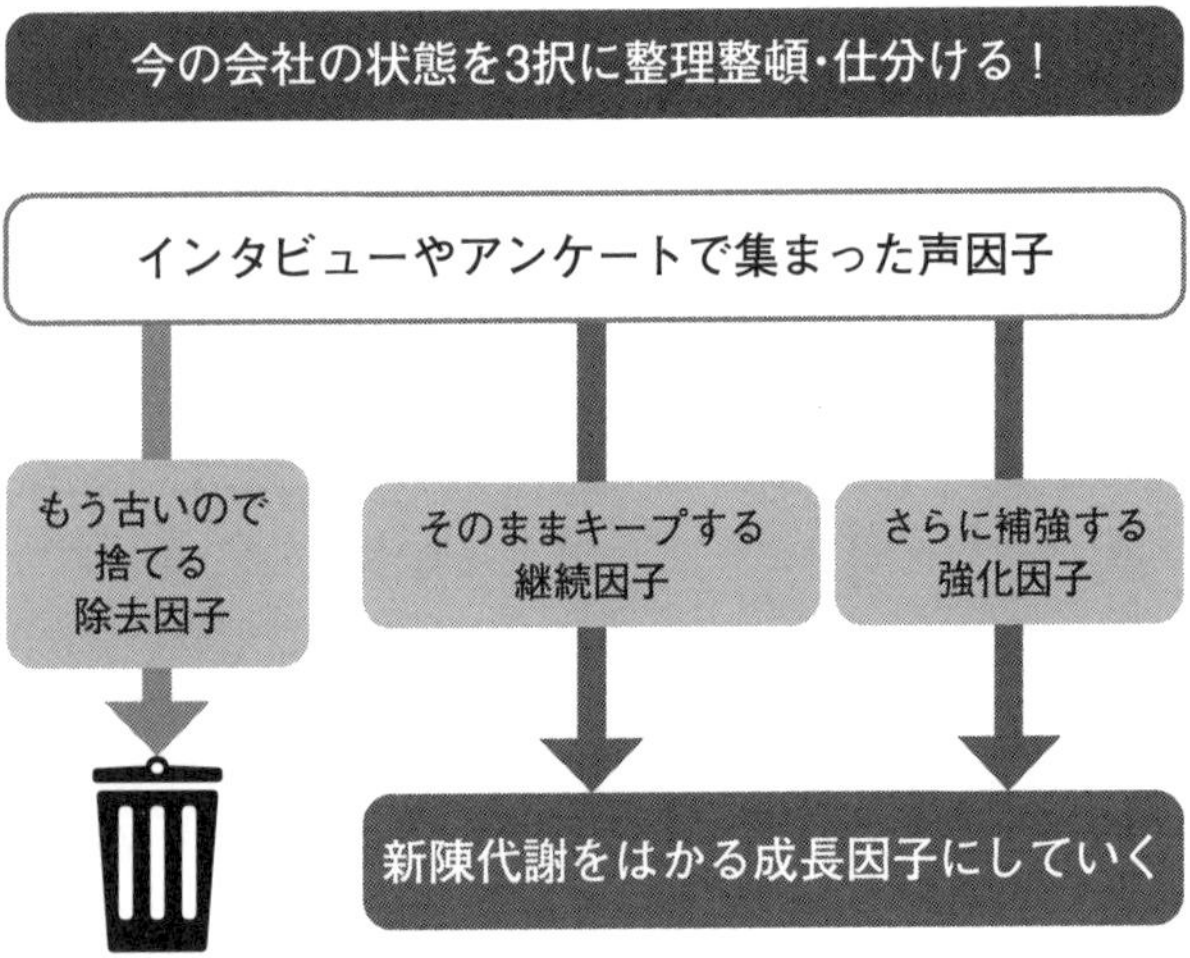

す。

続いて実践したいのは⑤「キーワード因子出しワークショップ」で、集まったキーワードの因子をフラットミーティングでチーム全員で仕分ける作業を行います。選出したメンバーに、各キーワードを「継続因子」「強化因子」「除去因子」として、そのまま未来に残すべきか、補強すべきか、捨て去るべきか、を選んでもらいます。取捨選択に加えて、さらになぜ選んだのか理由も考えてもらい、メンバーによるワークショップの場で発表してもらいます。年次が違う社員の会議体なので偏りが出にくくなります。

できれば、このキーワード因子の選択アンケートも全社員に実施したいところです。各部署で話し合ってもらう時間を設けるのもいいです。より一層、社員の意見が直に反映されたキーワードの取捨選択ができます。

フラットミーティングでは部署ごとに集計結果を発表しつつ、自由に議論してもらいます。保留が多かったものに関しても議論し、残すか捨てるかなどを決めていきます。意見が割れてしまったものは宿題とし、各部署で話し合い、次回のミーティングで最終決定をします。

以上のように、選出メンバーによるフラットミーティングを定期的に設けて、キーワードの仕分けを丁寧に進めていきます。フラットミーティングの中で新しいワードが出てきたらこれも議論を重ねていき、残すか否かを決めていきます。付箋にキーワードを記入し、ホワイトボードなどに貼っていき、視覚化しながら進めていくと、より頭の中が整理されながらスムーズに進めていくことができます。

取引先や顧客からキーワードを抽出している場合も、取捨は選出メンバーや社員たちの意見を十分に反映させます。取引先や顧客が自社に対して感じている魅力や、改善してほしい点を、自社価値や目指していくべき姿として必ずしも重視する必要はありません。例えば顧客にとって「24時間体制で対応」が自社の良い点として挙げられていても、社員にとってはそれが過重労働を形成する一因となってしまっているかもしれません。取引先や顧客の要望にこちら側が寄り添っていく必要はありません。大事なのは「こう思われたい」と「こう思われている」がイコールで結ばれることなのですから、どこを強化していき、どこをなくしていくかをきっちり線引きしていきます。

　フラットミーティングを重ねるうち、発生率の多いワードも頻繁に登場してきます。そのワードを取ってしまったら企業の価値が定義できなくなってしまう、そういったワードこそが企業を語るうえで欠かせない「らしさ」を構成する強い因子になったり、ステートメントをつくるうえで重要な要素になっていきます。残したいワード、強化したいワード、そして頻出するワードを記録し、価値の再定義の重要パーツとしていきます。ＤＮＡとは遺伝子であり、その名のとおり次代の子に伝え残していく重要な因子です。

　このようなキーワード取捨作業そのものはもちろんのこと、このワークショップの過程も貴重な時間になります。初めのうちはあまり口を開かなかったメンバーも、回を追うごとに自ら意見を発出するようになります。口ベタを解消しつつ、企業のブランド戦略の根幹を築き上げることができます。

口ベタを雄弁にするためのワークショップのヒント

選出メンバーが集合してのフラットミーティングは、互いの意見を尊重し、否定せず、普段は口数の少ない人にも発言の機会を平等に与えていく場です。時間としては1時間半から2時間程度、菓子や飲み物を用意しながら、和気あいあいと自社について語らい合う時間にしていきます。楽しみながらやってもらうことが肝心です。中には仕事の息抜きくらいの感覚で参加する人もいるでしょうが、それでこそフラットなミーティングといえます。

フラットミーティング内では、キーワードの取捨選択だけでなく、ほかにもさまざまなワークショップを実施することで、企業の価値を定義づける参考材料、そして口ベタ克服を通り越して「コミュニケーション上手」になる企業づくりにつなげることができます。ここではそんな、楽しくて口ベタの処方箋にもなるワークショップのヒントを紹介します。

■因数分解＝人に分かるように砕いて話す

フラットミーティングの発表の場では、ときに難しい話題を扱うこともあります。技術部門の技術者が自身の仕事を語る際は、専門用語がいくつも飛び出すかもしれません。抽象的な言葉で周りに伝わりにくい話し方をするメンバーもいるかもしれません。

分かりにくいと感じたら率直に、誰でも理解できるまで噛み砕いてもらうように要請します。できるだけ大きなものを小さなものに分解していく作業、それがこの因数分解です。人に分かるように話す。小学生でも知っている当たり前の心がけではあるのですが、ビジネスの分野ではとかく見過ごされがちなのがここです。議題を先へ先へと急ぐばかりに、個々人の理解を置き去りにしてしまうことがあります。フラットミーティングの場ではそのような事態は絶対に避けるべきです。

きちんと誰もが分かるようになるまで細分化していき、丁寧に濾すようにして抽出されていく因子が、企業の価値を決定づける貴重な材料となります。社員たちに自社の新しい発見をもたらすヒントにもなります。さらには、自社の商品やサービスの紹介が上手になる雄弁な企業づくりにも一役買ってくれます。

■既存のシンボルへの疑問符

経営理念、ロゴマークなど、企業にはさまざまな既存のシンボルがあります。実際にサポートに当たっていて気付くのは、これらシンボルに込められている企業の想い、なぜそれが出来上がったかの経緯を、聞かれてすぐに説明できる社員がほとんどいないという事実です。これは大企業に多く見受けられる傾向で、理念を暗唱したり、ロゴマークが何をモチーフにしているのかは答えられても、そこに込められているDNA部分が欠如してしまっています。創業者以外誰にも答えられない企業にも多く出会ってきました。企業のシンボルを説明できる人がほとんどいないということは、企業の存在価値そのものが薄弱になっていることを物語っています。

改めて、企業のシンボルに込められた芯の部分について話し合い、全社員が口をそろえて説明できるようにしていく必要があります。シンボルが生まれるまでの意外なエピソードを引き出せたりして、このワークショップも楽しく充実した時間になります。

加えて、これらシンボルについて、現代でも本当に通用するものなのか、現代に合わせてアップデートをしていく必要があるのではないか、といった疑問をもちながら話し合うといいです。

シンボルに込められた思いが、時代とズレを起こしていたり、企業の現在地や未来図と矛盾しているのであれば、思い切って根底から変えてしまうのも一つのブランド戦略です。現代風の言葉に置き換えることはできないか、絶対に受け継ぎたい芯の部分だけを残してほかはすべて一新すべきではないか、フラットミーティングで意見を出し合いながら決めていきます。

■色・動物・タレント・キャラクターなどのイメージチェック

自社を色にたとえるなら何色か。動物なら何が最適か。芸能人やタレントだと誰に近いか。このような感性やイメージに頼ったワークショップも情緒全体をつくるうえでは大切です。会議体が盛り上がりますし、企業の価値発掘の上ではとても有益な参考材料となります。

色に関するワークショップは企業のブランドカラーを決めるうえでは必要不可欠です。企業の色は社長の好みだけで決められたり、業界に定着しているイメージだけで決められたりしますが、本当にその色でいいのか、という疑問をもちながらメンバーで話し合います。あわせて競合他社のカラーも比較対象として出していき、他社に埋もれない色、自社らしさを強調できる色を、意見を出し合いながら絞っていくワークショップを実施します。単なる色ではありますが、意見は人それぞれあり、かなり盛り上がるワークのひとつです。カラーチャートを用意して、あれやこれやと自由に話し合うとよいです。

動物はロゴマークやノベルティ作成など、ブランド戦略を展開していくうえで重要なキーキャラクターとなり得ます。知的な印象を大切にしたいからイルカ、頑強で頼もしいイメージを与えたいからゴリラ、どっしり安定感があるから象など、企業の価値を表現できる動物を議論し合います。実際の動物のイラストが描かれたカードを用意しておくと便利です。

企業を芸能人にたとえたら誰がイメージに近いか、これも盛り上がるワークショップです。自社のイメージキャラクターに使用するなら誰がいいかという視点から展開していくと会話が弾みます。他社の事例も見せながら、自社の強みやイメージから連想できる芸能人を絞っていきます。

このワークショップによって、ぼやっとしていた自社のイメージを鮮明にすることができます。ポイントとなるのは、必ず理由も添えて意見を出してもらうこと。加えて、宿題とはせず、その場で答えてもらうこと。このような感性に委ねたワークは、直感で瞬発力のある回答を拾い集めたほうが、より企業の真の価値を反映できるものです。この点はじっくり事前に考え準備するキーワードの取捨とは違います。

■ペルソナづくりで理想の顧客を想定する

企業が提供している真の価値を定義するために、まずは価値を届ける「理想的な顧客像」を設定します。

自社にとって理想の顧客とは、〈どこに住んでいて・何歳で・どんなキャリアや年収で・趣味はなにで〉といった基本的なスペックから、〈どんな生活を送っていて・どんな価値観を持っていて・どんな将来を望んでいるのか〉まで、ワークショップで話し合い深掘りしていきます。いわゆる「ペルソナ」づくり、といわれるものです。

顧客像がより具体化すればするほど、ブランド提供の解像度は高まります。すなわちブランド戦略を仕掛けていくべき相手を見定めることができます。その後の営業戦略や販売

［図表16］　ペルソナづくりの例

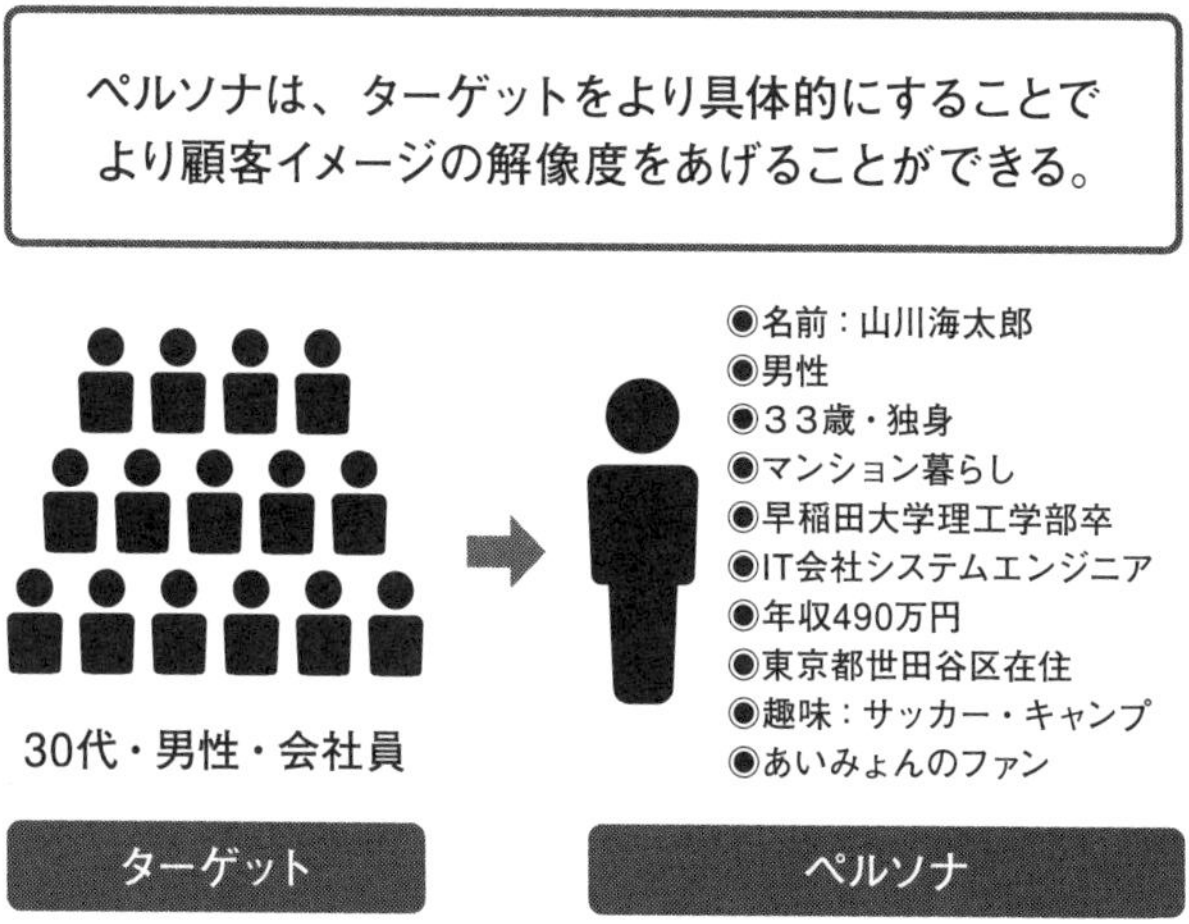

戦略も立てやすくなりますし、ユーザー視点での意思判断もよりしやすくなります。顧客のための最適なアプローチを見つけ出すことができ、寄り道をせずコストを抑えながら市場に切り込んでいく手法が見えてきます。

■妄想会議でワクワクをかき立てる

「自社の未来開発をみんなで考えよう」という議題で話し合うワークショップは、より効果的に企業を雄弁にします。自社が有している技術や知識を活かしたらこんなことができるんじゃないか。実現可能かどうかを抜きにして、さまざまな方向に夢のある話を展開する妄想会議は、参加者を否が応でも生き生きワクワクさせます。

この議題で話し合ったあるリサイクル会社では、原発の放射性廃棄物をすべてロボットに処理させる方法や、宇宙に散らばっている宇宙開発で発生したゴミ（スペースデブリ）を回収する方法といった、未来妄想が次々と発信される楽しい場となりました。自分たちではまかない切れない技術はどこに依頼し共同開発していくかなど、実現までの工程もより鮮明にし、今すぐにでも動き出したくなるほどワクワクをかき立てました。またこのケースでは、妄想会議によって出てきたアイデアは言語化するだけでなくイラスト化にも挑戦しました。これを企業の中長期戦略にも織り込んで発表することで、全社員にワクワクできる企業の未来を届けることに成功しました。ゴミの量が減れば減るほど仕事も減っていってしまうのがリサイクル会社の悩みどころ。しかしこのような妄想会議を経ることで新しい市場が開けてくるし新しい夢も広がっていきます。またこのような未来を内外に発信し続けることで、この夢に賛同するモチベーションの高い人たちを集められるのも大きな利点です。

■想定外の敵を設定してみる

他社にはない自分たちならではの良いところは何か。視点を変えるためのワークとしてお勧めしたいのが「敵を設定する」ワークショップです。敵といっても同業他社のことではなく、自社ビジネスを奪い取るビジネスは何か、という広い視点で議論を繰り広げましょう。

例えばマクドナルドの敵といえば同業他社のモスバーガーやフレッシュネスバーガーがぱっと思い浮かぶかもしれません。しかし、少し視点を広げたりずらしたりすることで、新しい敵が見えてきて、自社の尖《とが》った特徴も洗い出すことができます。

時代の流れとともに、マクドナルドはファストフード店というよりも、食事だけでなく時間を有効活用する空間としての価値が大きくなってきています。座れて、飲食もできて、店舗によっては充電できたり無料のＷｉ－Ｆｉもあったりします。そのような視点で見ると、敵はスターバックスでもありますし、ワークスペースや図書館もライバルになり得るかもしれません。また小さな子どもを持つ親からすれば、公園やおもちゃ売り場が敵かもしれません。ではそれらライバルたちと決定的な違いは何なのか。それを言葉にしていくことで、マクドナルドの提供価値がより明らかになってくるわけです。このような視点によって、単にポテトやハンバーガーだけを売りにするのではなく、ほかのアプローチからの集客戦略を立てることができます。

また、アウトドアブランドのパタゴニアは、同業のアウトドアメーカーをライバル視していません。環境破壊を敵に据えています。だからパタゴニアの商品PRは他社ブランドとの違いを宣伝文句にしません。いかに地球のためにいいことをしているのか、パタゴニアの商品を使うことでどれだけ地球に貢献できるのか、ここにフォーカスして販売活動を展開しているわけです。

商品やサービスの表面的なスペックではなく、ほかの土俵で勝負する。そのためのヒントとなるのが敵探しであるわけです。このようなワークショップも企業のこれからにとって非常に有意義な時間となるはず。これまでにはなかった極めて斬新な視点を得られ、自社の尖った特徴を見つけることにつながります。

チーム全員で「価値の再定義」をする

キーワードの取捨選択といくつかの効果的なワークショップを行ったら、いよいよフラットミーティングでの最後の仕上げです。顧客や取引先など社外に「こう思われたい」を明文化するため、企業の価値を選出メンバーで話し合いながら企業価値を再定義していく段階になります。

やることは至ってシンプルで、「機能的価値」と「情緒的価値」、大きく二つの価値を定義します。機能的価値とは文字通り製品やサービスの性能や機能の物理的な価値で、リアルなスペックを明文化します。個人の自己紹介でいえば、経歴や所有資格や特技といった履歴書に書かれるような価値です。

機能的価値〈例〉○○製法で国内シェアナンバーワン、年間売上○○億円

難しい作業ではありません。キーワード取捨選択の中から物理的な特徴のワードを取り出しつないでいけば、機能的価値は自ずと紡いでいくことができます。
　情緒的価値は、その製品やサービスがどんな感情や雰囲気をもっているかを伝えます。自己紹介でいえば性格面であり、親しまれたり好かれたりする点を明文化します。ブランドパーソナリティとして打ち出したい個性的なイメージを付加してもよいです。

情緒的価値〈例〉自由な発想力と高いチャレンジ精神で、ソーシャルグッドな社会をつくりだす。

　こちらも継承していきたい自社の社風や精神などにひもづいたキーワードをつないで、自社独自の情緒的価値としていきます。
　機能的価値と情緒的価値、この二つの価値を再定義することによって、企業の自己紹介が一新されます。これまでのフラットミーティングや全社員を巻き込むアンケートなど、社内の人間でつくりあげた納得の言葉なのでひときわ腹落ちして愛着をもつことができます。自信と誇りをもって、自分たちはこういった価値を提供できる、と周りに自己紹介ができるのです。数ある同業の中の一社という社外の印象を一蹴し、唯一無二の企業へと脱皮することができます。

加えて、これから企業が与えていきたい新しい価値も定義します。つまりは企業が目指す未来のなりたい姿であり、フラットミーティングで抽出してきた強化したい部分をつないでいく作業になります。

〈例〉培ってきた技術で必要としている国へと進出し、情熱に溢れた社員と世界に貢献できる地球企業を目指す。

「目指すべき理想の姿」は、「理想的な顧客像」と「理想的な社員像」とあわせて企業の成長の伸びしろとなるので、これもメンバーで意見を出し合いながら、企業の未来に向けて夢を膨らませられる明文化を目指します。

機能的価値、情緒的価値、そしてブランドパーソナリティ。それらを踏まえたうえでの、未来の目指すべき理想の姿を描くこと。この作業を通じて、社員一同合作による「こう思われたい」が完成しました。社員たちにとっては、自社のここが好きなんだ、という部分を明確に言語化できたことになります。明文化することで、社員が道に迷わなくなり働く意欲の源泉にもなり得るのです。企業の現状や雰囲気を一変する手立てとなってくれると考えています。

「こう思われたい」を社外へ向けて浸透させるブランド戦略の実践によって、社外からの「こう思われている」との差が縮まっていきます。ギャップがなくなればなくなるほど、駆け抜けていく電流の強さは増していき、ほぼイコールになれば、企業と社員、企業と顧客、企業と取引先、企業と地域、あらゆる関係の中でよりよい関係を築くことができます。企業理解がすすむことで「選ばれ続ける企業」となるのです。

社外に向けてのブランド戦略は、さまざまな効果的な発信によってもたらされます。

●CASE ＃1

社名から変えようとした、SPD

警備会社「SPD株式会社」は、関東圏を中心に企業、チェーンストア、スタジアム等の警備企業です。オリンピックやラグビーワールドカップの警備、Jリーグ浦和レッズの警備などスポーツ大会などでも活躍しています。創立50年を超えトップの代替わりを機に新たな中長期計画とともにブランディングに着手しました。組織体制や人材採用など、目標達成にあたっては現状で抱えているさまざまな課題に対処しなければならなかったのですが、乗り越えていくために指針になる考え方やロジックが不十分と感じられました。そこで企業の価値を見直し、行動の指針となる基盤を形成するため、私の会社が並走しながら、ブランド戦略を開始しました。

最初に「ブランド診断」をしたところ、社員のブランド意識は薄く、企業としての統一感には乏しい様子でした。社員個々のポテンシャルは高くても、一体感をもって取り組む感覚は少なく、なぜ自社が存在するのか、何のために仕事をしているのか、その意義を見失いかけていたのです。また、現場で働く警備員は年配者が多く、離職率が高め傾向にありました。もっと若者に来てもらい、キャリアを積んでほしいという願望もありました。単なる警備会社の一つという見られ方から脱却し、求人でもっと若い層の目にも留まり、ここで働き続けたいと思ってもらえる魅力を、組織内外に浸透させる仕掛けを施すこととなりました。

　経営陣と中堅、若手数人でブランドメンバー約10人を編成し、それぞれからヒアリングを開始。企業の歴史を聞き取り、企業カラーは何色がイメージに合っているかを議論したり、企業を動物にたとえてみたりなど、さまざまなワークショップを展開しました。警備会社としての唯一無二の価値を見いだせていない状態でしたが、会社に思いのほか親しみを抱いている社員は多く、現状をさらに良くしていきたいという意思の強いメンバーばかり。個々で見ると口ベタな症状はない印象でした。しかし、その意思はおのおのが心の中で抱くにとどまっており、相互の確認はできておらず、明確に言語化や視覚化されておらず、組織単位で見ると非常に口ベタな症状だと診断できました。

　社長交代のタイミングで企業が口ベタを解消し、それぞれが持っているボルテージを組織全体にビリビリと走らせることは大きな意義があると感じましたし、その実現は十分に可能だと確信できました。

警備の仕事を詳しく知るため、警備員が受講する講習に参加し、実際にスーパーやホテルや倉庫といった現場で働いている警備員にインタビューをしていきました。

あらゆるものを一新し、情報をオープンにしたかった新社長の第一の要請は、「社名を変えてもいい！」という大胆なものでした。そこでヒアリングとミーティングから大事なキーワードを抽出していき、新しい社名を20案ほど提案しました。しかし、いずれもしっくりこなかったようで、ブランドメンバー全員が首をひねり、芳しくない反応をするばかり。当初は変える気満々だった新社長は、頼んだ以上は決めないといけないのかな、と頭を抱えている様子でしたが、変えたくないのであれば変えないほうがいいですよ、とこちらから助言しました。

熱心な議論を重ねた結果、ＳＰＤの社名は残すことに決まりました。この決断には大きな意味がありました。取引先である警備派遣先の企業の人たちはみな「ＳＰＤさん」と呼んで慕ってくれていました。もし社名を変更してしまったら、周りからの見られかたもゼロからスタートとなってしまいます。これまで50年かけて築いてきたもの、先代から受け継いだ企業のＤＮＡ、働いてきた軌跡、社会への貢献、顧客からの評判、すべてが失われてしまう気がしたのです。

社名を変えよう、という思い切った判断自体は決して悪いことではないですし、新社名をあれやこれやと考えたことも決して無駄な時間ではありませんでした。新社長をはじめメンバーが改めて社名を真正面から見つめ直し、社名そのものに大きな価値、ブランドが存在したことを再確認できた、またとない機会だったのです。

次にやるべきことは明白です。社名に込められている価値を明文化し、再定義をすればいいことになります。フラットミーティングを通して、元気な企業、呼ばれればすぐ駆けつけるようなスピード感、愛着をもって付き合いをしてほしい、といったポジティブで他の同業他社にはないようなイメージ像が浮かび上がっていきました。

警備会社は他社を見渡しても紺色系の濃い色が多いのですが、その中でも埋もれず映えるよう、元気なイメージのオレンジ色を採用しました。

さらにブランドパーソナリティを見つけるワークショップで出てきた「犬」をロゴにす

ることを決定しました。警備会社で犬というと「番犬」の印象が先行しますが、より愛着を持ってもらえるよう、「顧客に寄り添うペット」のような愛らしい存在をコンセプトとしてロゴをつくっていきました。社名の単語をあしらってつくられた犬のシンボルマークは、ちょこんと舌を出しているのがポイントです。これまでなんとなくの暗黙の中でやってきた仕事の特色や信頼の積み重ねが、このロゴマークに表現されています。

さらに企業を一言で表現するタグラインにも着手しました。いつものように社長らと食事をしながら和やかに話しているときに、そういえば警備員がいるからこそ、こうやって楽しく食事ができているんだよね、という当たり前ながらハッとする事実に気がつきました。

SPD 社のロゴマーク

そんななにげない会話から派生して生まれたのが、「安心安全は、ワクワクだ。」というタグラインです。安心安全という目には見えない重要な価値が提供されていなかったら、買い物も食事もレジャーも楽しめません。SPDの警備員が社会に与える真の価値を表現したタグラインです。これが社内の共通言語となり、誰にいつ企業のことを尋ねられても、ワクワクしてもらうために支えています、と自社の存在価値を説明できるように定義づけることができました。

これらカラーやロゴ、そしてタグラインをもとにして名刺やウェブサイトなど、多岐にわたりブランド展開を始めています。事務所も雑居ビルの一室といった印象を塗り替え、ロゴマークをとり入れ警備会社らしくない、カフェのようなオシャレなオフィスへと変身を遂げています。

さらに制服も一新するため、現場の全警備員から改善希望点のアンケートをとりました。グレーとオレンジを基調としたオリジナルデザインで、機能性にも優れた制服を2年の歳月をかけてつくりあげました。袖を通した警備員からは動きやすいと評判です。制服は外部の人たちとの接点にもなっていて、あの特徴的な警備服はどこの会社なのだろう、というように制服がきっかけで興味をもってもらうこともブランド戦略の一環となっています。

暮らす人々のワクワクのために、安心感と充実感を持って楽しく仕事ができるSPDらしさが組織全体、そして組織の外へと浸透しているのを感じます。同社はまだまだ動き出したばかり、再定義した価値を芯にもち、さまざまなツールを駆使してよりブランドを浸透させていき、新体制下の目標を達成していくことに尽力しています。

私はＳＰＤ株式会社のブランド戦略サポートを通して、これまで暗黙のなかで受け継がれてきた価値を明確な言葉にすることの重要性を改めて感じました。代替わりのタイミングで、企業の根本に根ざすＤＮＡを言葉にできたことは非常に大きな意味があったと思います。

また、全部を変えるという視点でスタートして、変えられないものに気づけたことは、大きな収穫でした。揺るがないものがあるということは、そこにこれまで企業が提供してきた価値の蓄積があったことを意味しており、言葉にできていなかったお宝がたくさん詰まっていたのです。

どの企業も10年20年と年月を重ねているのなら、このようなお宝が必ずどこかに眠っているものです。それなしでは企業や商品や社員の価値を語ることはできない、かけがえのないものが詰まっています。その存在に気づいてもらうための作業が、みんなでつくりあげるフラットミーティングで実践するさまざまなワークショップたちです。

企業に思い入れの強いメンバーが多いほど、かえって暗黙のままですべての仕事が淡々と遂行されていき、企業全体では口ベタを発症してしまうこともあります。それぞれが魅力や強みをなんとなく分かっていても、手と手を取り合ってつなげていかなければ、周りに刺激を与えて広げていくことはできません。

周年や代替わりを機にこういった見直しをし、ロゴやタグラインなどに込められている言葉を全員が説明できるようになれば、企業としての一体感はより高まっていきます。周りからよりすてきで魅力満載な企業として評価をされていきます。そしてブランド戦略を展開すればするほど、企業の「こう思われたい」と周りの「こう思われている」の差はゼロへと近づいていくのです。

社員一丸となって紡がれ明文化された価値は社内の共通言語であり、社員の誰もが自社の価値を雄弁に語れるようになることで、社内におけるブランド浸透の第一段階は達成されます。

展開事例　SPD株式会社

ロゴ・マーク

WEBサイト

オフィス

社章

封筒

制帽

名刺

［第4章］

「勇気を後押しする言葉やデザイン」「効果的な金太郎アメ発信」なくして企業価値は伝わらない

全員が腹落ちする「勇気を後押しする言葉とデザイン」をつくる

「価値の再定義」は、前項のワークショップから、言葉によって精緻化されます。ブランドの核心を研ぎ澄まし、一言で言い表すものをつくりあげます。

企業理念を端的に言葉で表現したものを企業スローガンとかタグラインと言います。その言葉を聞いただけ、読んだだけで、その企業の目指しているブランドの考え方を理解できるものです。

有名な企業スローガンやタグラインとしては、サントリー「水と生きる」や、大成建設「地図に残る仕事」が挙げられます。それぞれは、その企業がどんなことを経営ビジョンに掲げ、どんな仕事や製品を世に出していくかを堂々と謳いあげています。

つまり、その企業の理念であり、社会との約束の合言葉です。従って、生み出した言葉を世の中に積極的に押し出さないといけません。言い換えれば〝勇気をもって発信〟しないといけないのです。

以前の仕事で「つくって完了」、という残念な結末を経験したことがあります。なぜ社外に展開しないのかをクライアントに問うと、「いや周年事業で発表したからそれでいい」と驚くほど消極的な回答でした。せっかく半年以上かけてつくりあげたのに、と社員の方々も泣いていました。社員一丸になれたのに、トップ自身が「口ベタの王様」そのものではまったく意味のないことです。

コミュニケーションは基本、言葉が媒介となります。もちろん身振り手振りや音楽もコミュニケーションの手法ではありますが、「要は何を目指しているのか」を文字にして、メッセージにして内外に向けて発信することで理解は進みます。必ず明確な言葉にして定着させないと、伝言ゲームのように、受け手によってとらえ方が変わっていってしまいます。作り上げた言葉を大切に発信し続けてください。

この章では、ブランドの価値を社内だけでなく社外へと浸透させるためのコツを話します。定義した価値を、顧客や取引先、あるいは地域に住む人たちにも、同じように感じ取ってもらうことを目指します。言い換えれば、「こう思われたい」と「こう思われている」のギャップを極限までゼロに近づけるための実践です。

せっかく〝コミュニケーション上手〟な企業になれたのだから、生み出された価値を社外へ積極的にアピールしていく体制を整えます。そのためにポイントとなるのが、本章で挙げていく価値の明文化と、デザインを通して展開する「効果的な金太郎アメ発信」です。なぜなら、ほかにはない唯一無二の価値を再定義できていたとしても、適した発信法を使わなければ誰の心にも同一イメージが蓄積せず、好意をもってもらえるチャンスを失うからです。

企業の提供する商品やサービスはもちろんのこと、企業ロゴやステートメント、ウェブサイトや広告など、ブランド戦略に使える効果的な発信はたくさん考えられます。具体的にどんなものがあり、どういった効果が見込めるのか、これらについてはあとに譲るとして、価値を明文化し発信していくうえで重視したいことを説明します。

発信されたものたちは、社外の人たちにとっての企業の第一印象、顔のような存在です。企業のことを知ろうと思ったとき、まず目にするのは商品やウェブサイト、広告、企業ロゴです。それらが見た者に与える印象こそが、そのまま企業のイメージとして結び付けられます。組織の内側に長く在籍していると、目の前の仕事を片付けることに集中するあまり、自社のロゴに対する印象は薄まっていき、ウェブサイトが前時代的なまま放置されていてもさほど気に留めなくなってしまいます。担当者でない限り、自社の発信を強く意識する機会は自然と減るものです。

これが企業側の「こう思われたい」をうまく運用できていない口ベタの最たるものであり、受け手である顧客や取引先が抱く企業イメージとの溝はいつまでも埋まることはありません。発注先を探しているとき、就職先を探しているとき、自分好みな商品やサービスを探しているとき、必ず彼らは企業ロゴやウェブサイトなど企業の発信に触れ、そこで企業のイメージを醸成していることを忘れてはならないのです。

また、明文化したものに込められている価値や思いは社員全員に当然のように浸透していないといけません。商品のデザインができた経緯はどういったものだったのか、なぜそのようなステートメントを掲げているのか、企業ロゴにはどういった思いが込められているのか、外部の人間に尋ねられたら、全社員が間髪入れずに答えられるようにできることがブランド戦略で必須の要素です。おのおのがまったく違うことを話していたり、答えられる人とそうでない人がいたりしては、これも外部に与える印象に差が生じてしまいます。企業の持つ存在価値が、社内外問わずイコールで結ばれるよう、この点は徹底しないといけません。

社外へのブランド浸透を主体に話しましたが、社内浸透においても明文化されたものたちは重大な役目を担います。出来上がったものを見るたび、社員それぞれが自社の価値や込められている思いを想起し、自社が大好きであることを再認識できるような、さらにはその企業の一員として働くことの意義や誇りを感じられるものであることが望ましいです。

そのためには、全社員が納得のうえで効果的な発信を選んでいかねばなりません。前の企業ロゴのほうが良かった、自分の知らないところで勝手に決まったステートメントなので自分には関係ないし思い入れはない、そんな蚊帳の外な意見が社内から出ないよう配慮して進めていきます。

特に企業ロゴやステートメントといった企業の重要な旗印を決定するうえでは、価値の再定義と同様、メンバーを編成して議論を出し合う場を設けたり、全社員向けのアンケートなどを実施したりして、できるだけ全社員を巻き込み意見を吸い上げていきます。結果的に自分の気に入っていたものが選ばれなかったという社員も出てくるでしょうが、大事なのはプロセスが完全にオープンな状態で決められていくことにあります。どういった経緯を経て、「どういった思いが詰まった旗印」なのかを理解していれば、思い入れはひときわ強くなります。社員全員が込められている思いを説明できるのはもちろんのこと、周りに好きになってもらえるよう積極的に発信できる旗印になるよう、この点にはくれぐれも注意することが重要です。大切なのは、みんなの腹落ちです。

ブランドを精緻化・見える化する

それでは具体的にどういった発信があるのか、ここでは主なものを紹介していきます。あくまでアイデアのヒント的なものであり、紹介しているものはごく一部です。また、すべてが企業にとって効果がある発信とは限りません。念を押しますと、手広く利用するよりも、自社にとって最適なものだけに絞り、使い倒していくことが望ましいです。

これらはクリエイティブな仕上がりを要求されるので、どうしてもプロフェッショナルの協力は必要となってきます。社内で自社価値をきちんと明文化しているからこそ、中身の濃い発注ができ、素晴らしい成果物を得ることができます。多くの企業はこの段階を踏まえず外部に丸投げするため、輪郭のぼやけたものを作成するにとどまり、効果の上がら

[図表 17]　ブランディングワーク手順②〈ブランドを精緻化・見える化する〉

6　タグラインとステートメントの開発

我が社のブランドとは、こういうものだ、と、目指すべき姿を言葉化する
・タグライン（ブランドを一言で規定するメッセージ）
・ステートメント（タグラインを補足する誓約文）

7　ブランドの見える化開発

会社の想いを印象づける顔づくり・世界観づくり
・ロゴマーク
・書体やカラー規定
・キービジュアル
・キャラクターマーク　他

8　タッチポイントツール開発と公開

ブランド展開ツール（例）

●基本ツール	●冊子・グラフィック	●WEB・デジタル	●映像
ロゴマニュアル	クレド	コーポレートサイト	モーションロゴ
社章	ブランドブック	採用サイト	ブランドムービー
名刺	会社案内	ECサイト	採用ムービー
社員カード	採用案内	LPサイト	CM（TV、WEB）
封筒	社史	オウンドメディア	
紙袋	書籍（社長伝記）	（ブログ）	●その他
制服	社内ポスター	デジタル・サイネージ	店舗デザイン
看板	業界紙広告		店舗内ツール
企画書テンプレート	屋外広告	●SNS	パッケージ
社用車（営業車）		YouTube	ラッピング
		Instagram	カード類
		X（旧Twitter）	サウンド
		Facebook	音楽
		TikTok	ノベルティ
		Podcast	

ないブランド戦略になってしまいがちなのです。

作成していくプロセスは社内にこまめに開示していくこと。これができなければ、また社内コミュニケーションが悪い状態の口ベタ企業に逆戻りです。候補ができあがったら社内の意見もできる限り吸い上げていき、全員で決めていくスタイルを貫くのです。

■タグライン

先ほども紹介しましたが、いわゆるブランドメッセージであり、企業スローガンとも言われます。企業の提供する価値を端的に伝わりやすい言葉で表現したものです。サントリーなら「水と生きる」、ミツカンなら「やがて、いのちに変わるもの。」、大成建設なら「地図に残る仕事。」、コスモ石油なら「ココロも満タンに」、本田技研工業なら「The Power of Dreams」といったものが代表的です。このようなタグラインが一つあるだけで、社内の雰囲気が一変しますし、知名度を上げるのに一役買ってくれます。社内外で流行するような、つい口にしてしまうような記憶に残るものであることが必須条件です。

社内で考えるには、相当な腕利きのクリエイターが必要となります。制作会社に依頼するのが賢明です。明文化した価値を土台に何案か考案してもらい、ブランド戦略メンバーで話し合ってブラッシュアップを図ったり、社内アンケートを経て候補を絞ったりしていくのが理想です。すべての発信に共通していることですが、決して依頼先に任せきりにならず、自分たちで決めていきます。

■ステートメント

タグラインとあわせて制作会社に依頼したいのがステートメントです。企業が貫く精神、社会への貢献、各ステークホルダーへの約束を声明文にします。本書の流れに沿えば、「こう思われたい」を強く言語化したものになります。

フラットミーティングで抽出されたキーワードたちを元に、より強烈に印象付ける名文を制作サイドに編んでもらいます。読み返すたびに原点に立ち返り心が引き締まるような、自社の価値を再確認できるものを目指します。

■企業ロゴ

企業ロゴは企業の心臓部ともいえる重要な存在です。企業ロゴを変えることは歴史の長い企業ほど抵抗感があるでしょうし、実際に社内から反対意見が出ることは避けられないでしょう。慎重に社内で話し合い、納得が得られたうえで企業ロゴの変更に着手します。既存のロゴに新しい要素を付け足すこともあれば、余計と感じたところを削ぎ落とすこともありますし、すべて一新することもあります。これもまた社内の話し合いのなかで決めます。

あれこれと議論した結果、どこも変更しないままに終わる、というのも重要です。肝心なことは企業の価値や理念がきちんと企業ロゴにも反映されているかどうかですから、それが達成できているのならば余計な手を加える必要はありません。企業ロゴができた経緯や、込められている思いを全社員が口にできているのであればそれが最良の企業ロゴなのです。

新しいロゴを制作するときは専門のグラフィックデザイナーが必須ですが、依頼する前にチーム全員が「なんちゃってデザイナー」になり、ロゴ案をあれこれつくるワークショップをしてみるのもおすすめです。後日プロが提案してくる視点やバリエーションがより深く理解できて、会社のマークに心底愛着がもてるものです。

■ブランドカラー

確かな企業の色が決まっていないのなら、ブランド戦略の一環でブランドカラーを決めてしまいます。フラットミーティングにて企業の色を話し合うワークショップを実施しているなら、それがそのままブランドカラーとなります。ウェブサイトのテイストや名刺や営業車といった営業ツールなど、さまざまな発信にブランドカラーを応用し、一貫性のあるブランド発信を目指します。

■ウェブサイト

インターネットが普及して以降、ウェブサイトのリニューアルは時代を問わず一定以上のニーズがあります。私も相談の入り口として、ウェブサイトを新しくしたいという注文を受けます。いまやウェブサイトは、会社の姿を反映した分身といえます。

商品やサービスの紹介、顧客確保、社員のモチベーションアップ、人材採用、あるいは金融機関の評価アップにもつながるということで、今どきウェブサイトは全知全能のような存在にも感じられます。企業の口ベタ克服に避けては通れない道ではあるのですが、更新のタイミングはとても大事です。順番としては、企業理念を標榜するタグライン、ロゴ、ブランドカラーなどを決めてからウェブサイトに着手することで、一貫性のあるブランド戦略となります。順序は間違えないよう注意したいところです。

同じく人材不足から採用サイトの作成を急ぐ企業もありますが、会社のブランドイメージができていないと、統一が図れないものになってしまいます。ここも落ち着いて順序を判断したいところです。

■商品名・サービス名・パッケージ

商品やサービスの名称、内容、プラン、パッケージのテイストなど、時代に合致しているものか、企業の提供する価値にかなったものなのかを見直します。開発に時間がかかるものですから、ブランドづくりと並行して行う企業も多いです。まずは何を発信していくかを決めてチューニングしていくべきだと思います。

■営業ツール

企業ロゴやタグライン、ブランドカラーを活用して、名刺、封筒、手提げ袋、営業車、社屋、看板サイン、社章、社旗などの営業ツールを一新します。まさしく、どこを見ても同じマークが配され、同じ印象を与えるものにすることを忘れないでください。

■グラフィック・ドキュメント

社内報、企業案内、商品パンフレット、ニュースリリースなど、社内や社外向けのドキュメントを一新します。社内展開する中期計画書や、顧客や社内会議用のプレゼン資料にも、企業ロゴやブランドカラーが入っているだけでも独自性が増します。テンプレートのありがちなものを使っているのなら見直します。オリジナルのドキュメントは、その企業に属している人にしか使えないものですから、帰属意識の向上につながる一端となります。

■制服・ユニフォーム

帽子や制服、現場ユニフォームが「企業の顔」になる場合は、すべてを見直します。このタイミングに機能性も新しくできるのが理想です。着用者にアンケートをとって、改良点を引き出します。社内だけでなく社外に対しても大きなブランド戦略となる、重要な接触点となります。

■ノベルティ

エコバッグ、Tシャツ、タンブラーなど、ノベルティは実にさまざまだと考えられます。商品購入者におまけとして付けたり、企業を訪れた人に配ったり、イベントで配ったり、用途もいろいろです。ブランド戦略として効果的で使いどころがある適切なノベルティも各社各様だと思います。基本は社外向けのブランド戦略ツールですが、社内向けにノベルティグッズをつくるのも、社員のモチベーションを高める効果が見込めます。

■広告

広告は雄弁に企業価値を発信していくための媒体です。テレビ、ラジオ、ウェブ広告、デジタルサイネージ、新聞・業界誌広告、最近では動画配信サイトで専用のチャンネルを持つ会社も増えました。ＳＮＳ活用も広告の一環になります。昨今デジタル広告は、費用対効果を測定しながら発信できるので、投資に見合った成果を測ることができます。タッチポイントを増やすには、必要不可欠なメディアです。

デザインに一貫性を持たせる「金太郎アメ」戦略

いくつかのチャネルを使って効率よく企業価値を伝える努力をすることは大事ですが、それぞれが受け手に与えるイメージに差があってはいけません。体験価値の統一です。企業ウェブサイトのデザインが未来を見据えた前衛的なデザインを徹底しているのに対し、企業パンフレットでは老舗感を押し出したテイストに終始していたら、それぞれが与える企業ブランドイメージには大きなギャップが生じてしまいます。仮に企業の実態が老舗を売りにしていて未来感がなければ、ウェブサイトを介して企業に触れた人は、実物とのイメージ差に落胆してしまうかもしれません。

このような「ちぐはぐな印象」を招くことのないよう、発信アイテムのデザインには必ず一貫性を持たせること。どこで切っても同じ顔が出てくる、同じ印象を受ける「金太郎アメ」のごとく、各発信から醸し出される企業ブランドのイメージが、いずれも同じになることを目指します。

　商品やパンフレット、名刺といった物質的な発信だけではなく、例えば顧客対応の仕方とか話し方といった、サービス面のデザインにおいても一貫性は意識します。ウェブサイトは清潔感があるのに、採用面接で訪れた本社の掃除ができておらず、散らかっていたら印象は下がります。きめ細かな対応を武器にしているとチラシでは謳っておきながら実際の対応にまったく愛情を感じなかったら、その瞬間で挽回の猶予を与えられることなく嫌われてしまいます。

　大事なのは込められている思いや与えるイメージと、実際にやっていることが必ずイコールで結ばれていることです。そしてその核となる考えと行動が、フラットミーティングを通して紡いだ提供価値になります。企業ロゴやウェブサイト、店頭サービスなどを刷新するうえで、あるいは外部へ作成を依頼するうえで、新たに定義した企業価値を、あらゆるタッチポイントで標榜できる状態にしてください。

　図表18のように「金太郎アメ戦略」とは、ロゴやメッセージをコアにして、どの発信ア

［図表 18］　**金太郎アメ戦略**

ブランド展開（ロゴから PR ツールまで同じ世界観を）

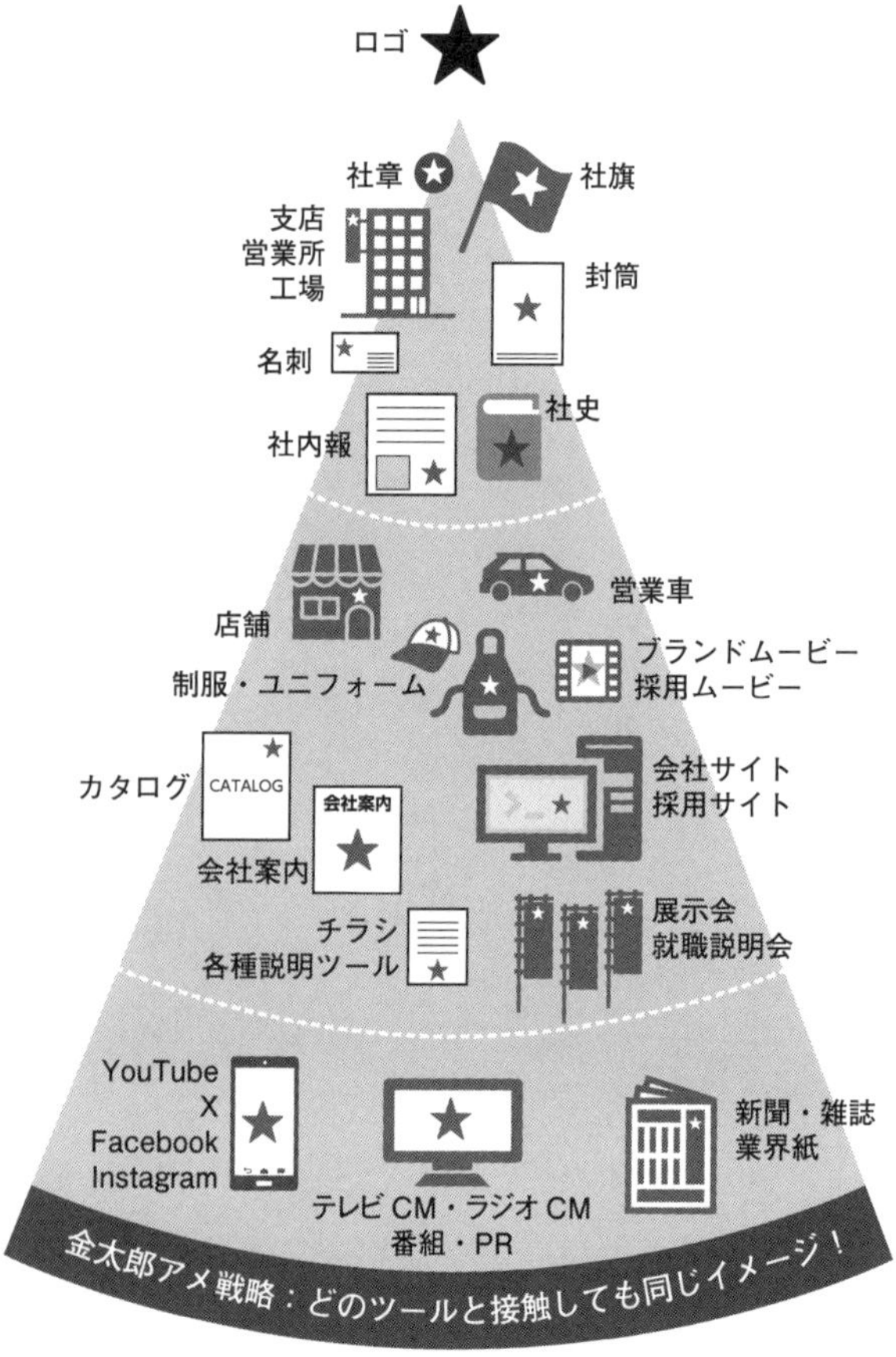

イテムを見ても、サービスを体感しても、同じ印象（トーン＆マナー）を与えるブランド設計をしないといけません。それは、書体から全体のカラーに至るまでマニュアル化すべきものです。ブランド設計をマニュアル化せず、それぞれのアイテムで勝手に運用すれば、次第にバラバラになっていきます。ブランドは作り上げた時がスタート。産みの苦しみはありますが、統一したイメージを構築する段階がなによりも重要です。

最短で顧客のハートを撃ち抜ける効果的な発信を見つけよう

ブランド戦略を成功させるうえで、的確な発信選びは欠かせません。

意中のハートを撃ち抜ける、素敵なラブレターを書いたのに、相手に存在そのものを気づいてもらえなければ意味がありません。好きになってもらえる素晴らしい企業価値を再定義することができたのですから、みんなの目の届く効果的な場所にたくさん置いていきます。

とはいえ、なんでもかんでも試すのも得策ではありません。最近はネットをみんな使うから「まずはウェブサイトを一新だ」と計画する企業が多いです。ここ10年くらい、とりあえずかっこいいウェブサイトをつくっておきましょう、というムーブメントがありました。いまやウェブサイト（特にコーポレートサイト）は、企業情報の受け皿になっていますが、企業メッセージやロゴやユニフォームなど企業のキーとなるビジュアル部分、リアルな接触点の見直しができてから、満を持してウェブサイトに力を入れるべきです。

店舗の提供価値がブランドを体現しているスターバックスもそうですが、アウトドアメーカーのスノーピークも広告にお金をかけません。広告を介さずに顧客と直接つながれるリアルな場を、企業価値を伝える発信として大事にしています。広大な敷地を要する本社をはじめ全国各所にキャンプフィールドを置き、ユーザーを巻き込んだイベントを高い頻度で開催することで、企業の価値を最大限に発揮できるブランド戦略を成し遂げています。

自社商品でキャンプを楽しみながら和気あいあいと盛り上がる。商品の使い勝手を聞いたり、改良点などを見いだしたりする。その特別で掛け値なしの空間と時間は、企業と顧客の垣根を超えて、スノーピーク好きたちが集まっているからこそ演出されるもの。この体験を経ることでさらにスノーピークのことが好きでたまらなくなっていくという、企業と人との最高の形での相思相愛な関係を形成しています。

アウトドア商品を扱う企業ならではのブランド戦略、発信の選び方です。このように企業の業態や扱う商品、あるいはどういった場所にあるかなど、企業ごとに適切な発信方法は異なります。そして最適な方法を選ぶことができれば、最強のパフォーマンスでかかわるすべての人のハートをわしづかみにすることができます。

私がサポートをした水道企業は、事業自体は常に需要が発生していて安定経営ができているものの、縁の下の力持ち的な仕事ゆえに、人材を集めることに苦労していました。仕事場は地面の下だから誰の目にも触れず、企業の価値を知ってもらえるチャンスに恵まれなかったのです。

そこで発信として提案したのが養生シートでした。地下工事を行う際、地上では必ず四方に養生シートを張り巡らすことになります。その養生シートのデザインを企業ロゴ入りのオリジナルにすることで、企業を広く認知してもらうための接点としました。いわば広告媒体費ゼロの街角広告がまもなくお披露目することとなるでしょう。

ユニフォームだったり、営業車だったり、紙袋だったり、封筒だったり、顧客に最も近いところで輝くことのできる発信は企業ごとに千差万別です。自社事業を俯瞰しつつ、最適な発信を見つけたら、そこに集中してとことん使い倒すようにします。

●ＣＡＳＥ　＃２

安泰企業のジレンマ　足立建設工業

足立建設工業は、まもなく創立110年を迎える老舗です。社名を耳にしたことはなくても、東京23区に住んでいる人ならまず間違いなく世話になっているはずです。なぜなら同社の主要事業は公共工事、都内の上下水道工事を請け負っているからです。

取引先は地方公共団体の東京都が主体、入札形式で継続的に仕事があり、蓄積されてきた技術力でこれまで着実に業績を伸ばすことができていました。しかしこの抜群の事業安定性こそが、ブランドづくりに後れをとっていました。これまで世間にアピールせずとも仕事を取ることができていた分、企業情報や企業価値の発信を積極的にしてはいませんでした。人口減少が加速するにつれ、地下で人知れず仕事をこなしているなかで人材確保の困難に悩まされるようになったのです。加えて社内的な課題として、これまで受注した業務を淡々とこなすことに専念してきたため、働くやりがいや企業の価値を振り返るゆとりがなく、社員のモチベーション低下が起きているようにも感じられてきていました。安泰企業のジレンマともいえる症状に悩まされていたのです。

インフラ業界、しかも下水道を扱うのですから、現場は決して楽なものではありません。しかしこれほどに世の中へと貢献できる、責任重大で有意義な仕事もありません。エッセンシャルワーカーとして従事している誇りを社員にもってほしい、そして多くの人に自分たちのことをもっと知ってもらいたい。そのような思いから、内向きにも外向きにも発信をしてこなかった口ベタ症状を解消するため、企業価値をアピールする方法を模索するようになりました。

まず手をつけるなら、スマートフォンにも対応できていない旧態依然なウェブサイトのリニューアルだ。そんな発想からの私のところへの相談だったのですが、私はまず、なぜウェブサイトから変えていく必要があるのか、という問いかけをしました。担当者としては、まずは世の中のニーズに合わせて、時代に置き去りにされガラパゴス化しているものを更新したい意向でした。しかし、自分たちの提供している価値が完全に言語化されていない状態でウェブサイトを一新したとしても、ありふれていて印象に残らない、水道を工事している会社くらいにしか認識されないものが出来上がるだけだと説得しました。

ここで働きたい、ここに仕事を任せたい、そう思わせる芯の部分は何であるのかを教えてください。そう深掘りしていったところ、改めて言われると何だろうか、と担当者は口をつぐんでしまったのです。

ウェブサイトをつくるより前に、まずは自社の価値を見直していきましょう。まさかそんな提案を受けるとは思わなかったことでしょう。ウェブサイトの制作だけと思いきや自社の振り返りや価値の再定義というプランを提示されたのですから、時間も費用も桁違いになります。しかし１００年を超え１１０年を目の前にしているこの時期だからこそ、自社に脈々と流れているＤＮＡを解析する時間を設けることは、決して無駄ではないと判断され、ブランド戦略はスタートしました。

役員と管理職と若手社員、現場・営業・総務・経理など主要部署からメンバーを15人選出し、個別インタビューとメンバー全員によるミーティングの場を設け、何度もワークショップを重ねていきました。官公庁や材料メーカー、元請ゼネコンなど取引先にも徹底的にヒア

主要メンバーとミーティングを重ね効果的な発信を見つけていく

リングを行い、いいところも悪いところも拾い上げていきました。キーワードを取捨し、企業価値の再定義を行い、タグラインの創出や企業ロゴの見直しなど、効果的な発信を見つけていくための議論を熱く展開していきました。

さらに私は現場にも入らせてもらいました。東京23区の地面の下、直径5メートルという大きな下水道管の中を実際に見たときは感動で言葉を失ったほどです。地域の住民たちが流した汚水がここを流れる。虫やネズミの死骸が流れてくることだってある。そんな壮絶な現場の中で、体の半分が汚水に浸かりながら、下水道管内を入念にチェックし、悪いところがあれば修繕する。私たちの生活が明日も当たり前に続くように頑張ってくれている人たちがいる。その事実を目の当たりにして、ブランドづくりのヒントになったのはもちろんですが、何より彼らの仕事に感銘感服した次第です。

また企業の価値を再定義していくうえでキーとなったのが、現社長の祖父の代から伝えられてきた「創意と工夫」の理念でした。ウェブサイトやパンフレットなどにも記載され、本社ビルのエントランスにもこの理念は掲げられていました。しかし改めて、この言葉に込められている真なる思いは何なのですかと問いかけてみても、すでに理念がつくられた当時に在籍していた人は不在であり、誰にもきちんと説明することができなかったのです。「創意と工夫」、これを細かく因数分解し、今の時代に合わせて再定義することも大きな課題となりました。

ワークショップを経て、まず私がつくったのはタグラインです。30本ほどつくってさらにミーティングを重ね、これこそが提供している価値である、というものを磨き上げていきました。こうしてつくられたタグラインが『水が流れる、その先に』。これは水道工事の仕事を実際に見学して、私が感じたことを正直に表現したものでした。現場を見て以来、蛇口をひねるたび、風呂の湯を抜くたび、トイレに行くたび、水の流れる先に彼らの仕事があることを実感するようになりました。この情緒をタグライン化することで、足立建設工業を知らない人たちにも、自分たちの生活にどれだけ密接で欠かすことのできない仕事をしているのかを感じ取ってもらえるようにしました。

これまでも足立建設工業は、発注者は東京都などの自治体が主体ですが、本当の顧客は都民であり、彼らの暮らしを陰ながら支えることが自社の本当の価値であることは感じていました。しかしそれをどのように伝えていくべきなのか、発信のすべは持っていませんでした。このタグラインを編み出したことで、都民へ価値が届けやすくなり、距離も一気に近づきました。単に、水道の工事をしています、ではなく、水の流れる先に必ず一般の人々がいるのです、という自己紹介ができるようになったわけです。これまで輪郭のぼやけたままだった企業の存在価値が、一気にフォーカスされました。

さらにタグラインに続いてセッティングしたのがステートメントです。フラットミーティングを通して抽出された、これからも自社の提供価値として残していきたいとアンケートで決めたキーワード。そのピースを一行一行と文章でつないでいき、創意と工夫を分解したステートメントをつくりあげました。

水が流れる、その先に。

仕事の成果を誰かが目にすることはない。
人々をあっと驚かせたり、感動させたりすることもない。
それでも私たちは責任と誇りを持ち、
人知れず、人のために、水がめぐる社会をつくっていく。
先達から受け継いできた「創意と工夫」で、
険しく難題な仕事にも挑む。
誠実さを武器に、さらなる高みを目指し、
新技術の開発にも努力と投資を惜しまない。
今日も私たちは地下に潜る。
当たり前の一日を守りつづけるために。

足立建設工業株式会社

今回のブランド戦略でつくったタグラインとステートメントは、非常に社内での評判がよく、ブランド戦略に興味を示していなかった社員たちも、前のめりな姿勢になってくれました。当初、100年の年月を数える企業ロゴなど企業に長く添い遂げてきた既存のものたちの変更については賛否が分かれていました。しかしタグラインとステートメントの完成を境にして、発信の一切合切を見直していくことへの気勢が上がっていったのです。

社内アンケート結果をポスターで掲出

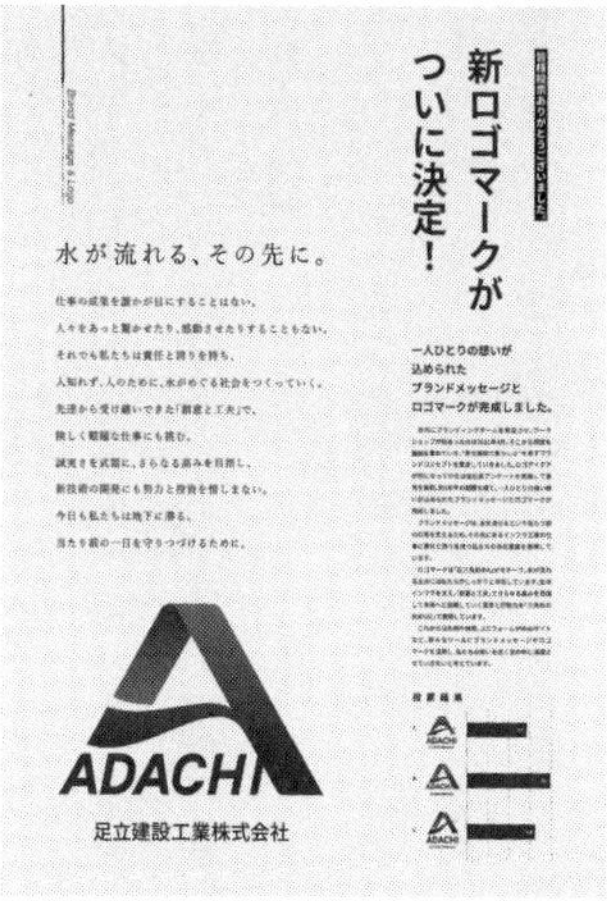

全社員が、込められている思いを説明できる企業ロゴを新しく生み出そう。社長たっての希望でアンケート形式で決めることになりました。

まずは再定義された提供価値を反映した企業ロゴ27案を私の会社で作成し、説明も添えつつ提案しました。それを踏まえてブランド戦略メンバーたちで議論しあい、8案が残りました。

ここからさらに企業全体でアンケート投票を実施、1案へと絞り込んだのです。この経過は社内ポスターなどでも掲示し、より全員が参加している一体感を生み出しながら進めていきました。こうすることでより一層、新しい企業ロゴに対する思い入れを強くすることができました。

新しいツールはこれだけにとどまりません。看板やユニフォームを新しくし、ウェブサイトもリニューアル。さらに企業ロゴを徹底的に使い倒すため、工事現場の目に触れやすい接触点に企業ロゴを刻印していきます。例えば工事を行う際には必ず近隣へあいさつをすることになっています。そのあいさつの品としてロゴ入りの排水溝ネットも提案し、企業ブランドの浸透を目指します。

これまでブランド発信をしてこなかった口ベタ企業が、このようなプロセスを経て一気に雄弁な企業へと大変身を遂げています。

社内モチベーションも目に見えて変わりました。タグラインとステートメントが心に火を付ける材料になったのは間違いありませんし、ウェブサイトを新しくしたことで家族や親しい人たちにも自社の魅力を伝えることができるようになったのは大きかったことでしょう。仕事に誇りをもてる、何を自分たちが成し遂げ、社会に貢献しているのかを実直に伝える発信となりました。

足立建設工業は現在、デジタル技術の導入による業務効率化、建設DXへの取り組みに力を入れています。これには社員の理解が必要不可欠で、推進派と維持派との間の意見の衝突で、なかなか旧体制から脱却できず、改革プランが暗礁に乗り上げてしまう中小企業も多いといいます。そんな中で、このタイミングに企業の価値を再定義した意義は非常に大きく、しかもそれを全員一丸で行ったことから、意識がすでに改革方向へと向かっていました。建設DXという新しい仕事のやり方にも歓迎ムードが生まれています。価値の再設定や社内モチベーションの強化にとどまらず、このような副次的な恩恵があったことも、口ベタ解消の効果のひとつです。

最先端の取り組みに積極的で、発信をとことん使い倒してブランド浸透を目指す姿が、働く人たちの意欲の源泉となっています。今後企業の認知に加えて、採用面や新規取引先開拓など、ブランド戦略がさまざまなプラス方面へと向いていくことでしょう。街を歩く人が、工事現場の養生シートやユニフォームに身を包んでいる作業員を見かけるたび、足立建設工業が水道の工事をしてくれているのか、と思われることが普通になる日も近いかもしれません。新型コロナウイルスの感染拡大をきっかけに、よく耳にする言葉になった〝エッセンシャルワーカー〟。生活の根幹を支えなくてはならない医療や福祉、保育、インフラや物流など、ライフライン最前線で働く職業こそ、誇りと働きがいをもっていただくためにブランディング戦略は欠かせない要素です。

展開事例　足立建設工業株式会社

ロゴ・スローガン

社旗

WEBサイト

名刺・封筒

本社玄関

ポスター

［第5章］

〝ロベタ〟を再発させないために重要なのは定期的な分析・改善 真の企業価値を発信し、社員や顧客に愛され続ける

メンテナンスを怠ると再び口ベタになってしまう理由

口ベタを治療し、明文化した価値を発信し続ける雄弁な企業になるための方法を伝授してきました。これで二度と口ベタを再発することはなく企業の未来は安泰そのものです、といいたいところですが、残念ながらそういうわけにはいきません。どうしても企業が口ベタを再発してしまう日は訪れてしまうものです。

時代は移ろいますし、人の価値観も社会ニーズも変化していきます。また、冒頭に書きましたがビジネスの構造変化も必ずやってきます。企業自身においても仕事に従事する人間は入れ替わります。企業の「こう思われたい」と、社員や顧客ら関係者たちの「こう思っている」には少しずつギャップが生じてしまうことは避けられません。

企業が成長するにつれ、組織内外へ向けて刺激を与えていく感覚はどうしても失われていってしまうものです。例えば先代についてきた人たちと新しく入ってきた人たちとの間で、仕事に対する取り組み、自社の魅力のとらえ方に差が生じていきます。取引先や顧客についても、新旧それぞれの層で興味関心や提供価値のとらえ方に違いが出てきてしまうものです。恋人同士でも完全に嫌われて絶縁されるまでには至らなくとも、いつの間にか「好き」という感情が消えて、「普通」くらいに格下げになってしまうものです。そしてこれは間違いなく、企業が口ベタを再発していることの証しなのです。お互いのことを話さなくなった、あるいは話せなくなってしまったのかもしれません。

また、どんな企業にも経営の大波小波があります。企業が冬の時期を耐え忍ぶ際はブランド戦略がおろそかになり、口ベタを発症しやすくなります。あるいは、半ばうなされたように新しい事業に手を広げる企業もあるかもしれません。これは金脈を掘り当てるため、当てずっぽうに土を掘り始めるようなもので、大きなリスクを伴う行為であり、社員や顧客をあきれさせる要因にもなります。やはりこれもブランド戦略が機能していない口ベタ状態が発症したことに起因するかもしれません。

こういった企業に変化の兆しがあるときこそ、定期的に自社の健康診断を行い、口ベタを治していきます。じっと口を閉ざし防御の構えを貫くのでなく、当てずっぽうに攻撃一辺倒になるのではなく、まずは自分たちの足元をよく眺めてみます。これまで丁寧に耕し大切に育ててきたものたちが、きちんと育っていて実を結んでいるのか、企業の軌跡と現在地を確認します。水源から出てくる水の量が減っていたり、周りに高い建物ができて日当たりが悪くなっていたり、風向きが変わってきていたり、土の状態が悪くなっていたりすることもあります。すなわち、社会や価値観といった外環境と企業がズレを起こしていたり、顧客と企業の思いに差が出てきていたり、あるいは社内の人たちの思いがまとまっておらずバラバラになっていたりするものなのです。これからはＡＩ時代に突入し、人の力がどこまで通用するかも試される時代がやってきました。そんな折、企業の見られ方、評判は少しずつ変わっていくことでしょう。

カップ麺の王者である日清食品の「カップヌードル」といえども、パッケージを新しくしたり味を改良したりと、時代の変化や生活者の意識変化に合わせて自社が築き上げてきたブランドの見直しを行っています。またスターバックスコーヒーは過去3回企業ロゴを変えていて、２０２３年現在は4代目のロゴが使われています。世界進出のためにロゴをユニバーサルなデザインに変えるためであったり、40周年を機にしたりなど、企業の歴史の中での重要な節目において見直しを図り、価値を再定義しブランド戦略を更新しているのです。

以前に定義した企業価値が、時代の中で古くなることもあります。他社と比較され選ば

ブランドを見直す節目

- ◉世代交代
- ◉周年事業
- ◉合併や統合
- ◉新ビジョンの発信
- ◉組織の見直し
- ◉事業や業態変更
- ◉社内機運の停滞
- ◉不祥事から再スタート
- ◉時代との調和

れなくなってしまった、差別化できていない、尖っていたはずの特徴が丸くなってしまった、このようなタイミングもまさしくチューニングやメンテナンスを行うべきときなのです。

創業時に抱いた思いが今も変わらず社員の中に根付いているか。ブランド戦略が時代にきちんとマッチしているか。これまで尖った特徴だと思っていた価値がすでにありふれていて陳腐化していないか。取引先や顧客、社員や地域、あらゆるステークホルダーたちとよりよい関係が持続できているか……その問いかけは大切であり、点検によってロベタの一端を認めたら、その対策と新しいブランド戦略を行います。

やることはここまで書いてきた手法と同じです。都度、新しいメンバーを選出し、フラットミーティングを通してキーワードを抽出していきます。出てきたキーワードのうち、継承したいものや強化したいものを選別して、価値を新たに定義していきます。

その後に、効果的な発信の選別や更新を行います。すべては時代に合わせて新陳代謝することにあります。

口ベタ早期発見、早期治療のためのチェックシート

口ベタは生活習慣病のようなもの。生活習慣病が日々のずれた生活習慣の積み重ねで発症するように、口ベタもジワジワと少しずつ、人や時代とずれた経営を続けることで生じてしまいます。世間の評価と、企業の自己評価にズレが起きてしまうのです。

私の体感では、そのズレが症状として表面化するのは2、3年後にやってきます。あくまでも個人予測ですが、コロナ禍で受けた企業インパクトのあおりは、２０２５年前後に露呈していくような気がします。もしかしたら、今は口ベタの症状が出ていなくても、すでに潜在的にはズレが生じ始めているかもしれないのです。そのズレをいち早く感じ取るためには、自社のさまざまな定量的なデータを取得し、口ベタの予兆をつかむ必要があります。

人間ドックならぬブランドドックを実施してください。早期発見早期治療により、ズレ

を治すのにかけるコストも抑えられます。巻末の「ブランド診断」をしてみて口ベタ予備軍になっていないかを確認してください。

●CASE #3

時代の空気をいち早くキャッチする　青南商事

東北6県を中心に産業廃棄物のリサイクルを展開する青南商事とは、かれこれ25年以上の付き合いになります。事業規模の拡大や企業年度の節目、さらに時代の移ろいごとなど、会社の価値を再定義する際に参画し、その都度社内点検とチューニング作業に携わってきました。

かかわり合いを始めた当時、世の中的に産業廃棄物処理は、ネガティブなイメージが定着しており、日陰の商売として見られていることを社長は憂えていました。見向きもされない業界だから、企業の提供価値を認知してもらえるチャンスに恵まれず、地域の理解も得られにくい。業界の活性化と人材確保、これらの課題に立ち向かっていくことが私に与えられたミッションでした。

産業廃棄物処理が社会に大きく貢献していること、そして東北全域で青南商事がリーディングカンパニーであること。この2段階を知ってもらうため、まずはパンフレットの整備から始めました。

当時、産業廃棄物の現場に実際に足を運んでみて感じたのは、事前には想像も及ばなかったほどの膨大な量の不法投棄でした。これらをすべて資源として回収し加工し直し、使えるものにして世の中へ還元していく。その流れを一手に引き受けて日々の業務にあたる姿に感銘を受け、この現場のありのままを伝えることが、イメージを一新する手立てとなると感じました。

説明文だらけのありふれたものではなく、生の現場を撮影しありのままを記録したパンフレットを作成したところ、業界内外で大きな反響を得ることができ、業界のネガティブなイメージを払拭する一因となりました。

その後も付き合いが続き、カタログ、テレビCM、ラジオCMづくり、ウェブサイト制作など、多方面にわたるブランド戦略にかかわってきました。

企業をさらに次のフェーズへと押し上げるためのシンボルがほしい。そんな相談を受けた際は、タグラインづくりにもチャレンジしました。そのときにつくりあげたのが「Recycle More, We Can.」。四半世紀前です、当時はまだリサイクルというキーワードが市民権を得る前で、少なくとも業界内でリサイクルを標語として掲げた企業は、国内では初だったと思われます。

これをきっかけに産業廃棄物の企業というよりもリサイクルの企業というイメージが組織内外に浸透定着していきました。社会の役に立ち日本の未来に貢献している企業として、地域の人たちの理解も深まっていき、次第に愛され体質の強い企業へと様変わりしていったのです。

さらに大きな転機となったのは新卒採用を始めたときでした。果たして大卒の若者たちが入社を希望してくれるのか、恐る恐る始めたわけですが、想像以上の反響がありました。その要因となったのがテレビCMです。子どもの頃からCMを見ていて愛着があった、というきっかけから興味をもち、就職を希望してくれる地元の若者が多数いたのです。技術者採用は大学院から入ってきました。すでに東北では日陰の企業と見る人なんて一人もいませんでした。長い時間を経て、ブランド戦略の思わぬ成果を感じ取ることができる出来事でした。

新卒採用も増え、さらに組織を拡大していく段階へと突入しました。しかし企業規模が大きくなるにつれ、部署ごとに隔たりが生まれるセクショナリズムも形成されていき、自社が脈々と受け継いできたＤＮＡが薄れていっているというジレンマも抱えるようになりました。

もともとは先代（現会長）の徹底した現場主義と圧倒的なカリスマ性を核にして成長してきた企業でした。先代は、情緒的な言葉でいえば、人情味に溢れ厳しさと優しさを併せ持ち、それがそのまま企業の良さとして投影されてきたのです。旧来の取引先やベテランの古株社員は、企業のそこに惹かれてこれまで関係を続けてきました。しかし組織拡大につれてその本来の良さが消えていってしまうと、どうしてもこの企業だからこその存在価値が見失われてしまいます。仕組みづくりは確かに大事だけれど、心の部分も大事にしたい、という気持ちが日に日に社長の中で強まってきていたのです。

青南商事は創業当初から産業廃棄物の再利用という資源循環技術のトップランナーにい

る会社です。おそらく民間では初めてになるガス溶融化工場もつくり、汚泥までを燃やし、そのエネルギー熱までも電力に変えて利用しています。資源を最後の一滴まで使い倒す技術力の高さは世界のリサイクラーからも注目されるほどです。

しかし長くタグラインとし企業の行動指針としていた「Recycle More, We Can.」という言葉も、だいぶ使い古されたものに感じられていました。当時は斬新だった「リサイクル」という言葉も、いまでは多様な業界で見かけます。そこで創立50周年を控えるタイミングで、社内点検とチューニングをするとともに、新たなブランド戦略を練り上げることになりました。

ポイントとしたのは全員参加型のブランドづくりです。社員数約８００人という規模の大きな企業、しかも事業所は東北６県すべてに点在しています。コロナ禍でもあったのでリモート会議も活用しつつ、メンバーを選出してフラットミーティングに取り掛かりました。顧客や取引先、さらにはＯＢＯＧ社員にまで、総勢36人への外部インタビューを行い、企業のこれまでと現在地を丸裸にしていきました。かなりの大がかりな社内点検です。約2年半にわたる長期プロジェクトになりました。

抽出されたキーワードは72個でした。このなかから「何を捨てるのか」「何を強化するのか」「何を大事にするのか」など、新陳代謝するためのキーワードを抽出すべく、社員全員にアンケートを実施し、自社のこれからに期待することも徹底的に洗い出していきました。

自社の持つ技術力や事業の広さ、東北6県に営業所をもつ機動力が自社の主な強みとして内部から上がると思いきや、ベテラン若手問わず情緒的な魅力を語る人も多かったのは驚きでした。家族の一員のような温かさを大切にしていきたい、そんな言葉が方々からあがっており、自社価値の明文化とブランド戦略を磨くうえでは欠かせない材料だということが再確認できました。

ワークショップでは自社の未来についても語り合い、人口減少で廃棄物が減っていく中、自社はどのような未来開発を行って生き残りをかけていくか、部署の隔たりを乗り越えて自由に語り合ってもらいました。このワークショップを通しても、社員はみんな会社のことが大好きで、ワクワクする仕事を通して明るい未来を一緒に切り拓いていきたいという情熱を感じ取ることができました。

こうして生み出したタグラインが「次《じ》サイクル」です。静脈産業と動脈産業融合の、次の新しい循環を提言する言葉で、業界のリーディングカンパニーとしての挑戦と誇りとを持ってもらうことを目指し中長期計画とともに発表しました。さらにこれを基にして社歌もつくり、振りをつけて社員全員が踊るダンスビデオも作成、機運を高めます。この映像はカラオケでも公式として流れるように仕掛けています。もちろん、テレビCM、ラジオCMも制作してオンエアしています。

とにかく50周年を社内外に感謝するとともに楽しくみんなでワイワイ盛り上げたい。そして次の50年に向けてモチベーションを高めたい――。組織内部の活性化で外部にも強い刺激を与えるという、青南商事らしい温かみのこもったブランド戦略を展開することができました。

このブランド戦略事例では、チューニングのタイミングが如実に出ているといえます。

一つは、企業規模が大きくなるにつれ、設立時のDNAが失われつつあることを実感したときが、ブランドを見直す適切なタイミングです。この多くは社長ら経営陣が代替わりする時期に当たるので、設立から30年から40年くらいに、企業が自社の価値を見失う口べタ症状を発症することを物語っています。代替わり時にベテラン社員が多数離れてしまったり、先代と仲が良かった大口顧客との契約が切れてしまったりするのは、まさしく口ベタ企業が抱える悩みです。「企業寿命30年説」といわれるように、企業が長寿になれるかどうかは、ここが重大なターニングポイントと見て間違いありません。

　顧客を満足させる仕事をするだけなら、ほかの企業でも可能です。その企業を選び続ける理由というものを、改めてあぶり出していかなければなりません。なぜこの企業は繁栄を続ける必要があるのか、どんな価値で社会をより良くしているのか、受け継ぐべきＤＮＡ、やる気の源となるものを可視化しておく機会は絶対に必要なのです。

　この事例を見て分かるもうひとつのチューニングのタイミングは、既存のブランドの陳腐化を感じたときです。当時は斬新だった経営方針や指針、企業の存在価値の定義が、どこでも見かける、ありふれたものに変わってしまうときが必ず訪れます。ほかと大して違いがない、そんな印象をもたれてしまったら、社内のモチベーションは高まらないですし、社外でも目を留めてもらえる機会を失ってしまいます。時代に合わせたチューニングを行わなかったら、いずれは時代に追い抜かれてしまい、比較検討の対象にすら入らなくなってしまうのです。

今回新たにつくったタグライン「次《じ》サイクル」は、企業の周年事業とともに提案しましたが、そういう節目ごとに理念や行動指針、顧客確認、事業確認をしていく「新陳代謝作業」がとても重要になります。

外部要因や内部要因の変化もあり、自社価値を再定義するチューニング作業の必要性が出てくるのです。そしてブランディング作業は、そんな変化を自らで確認し、未来に生き残る評判をつくる有益な作業なのです。

展開事例　青南商事株式会社

社歌ムービー

TVCM

CD

スタジアム

we call,
次サイクル

ロゴ

Tシャツ

のぼり

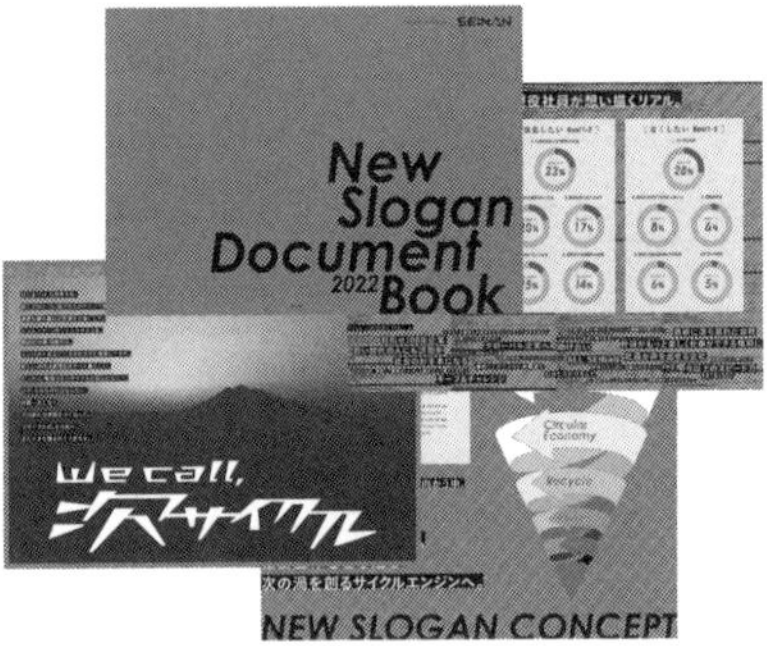

ブランドブック

おわりに

数多《あまた》あるブランドに関する本から、この本を手にとっていただき、ありがとうございました。私はブランドの学者でもありませんし、エライ論文も書いていません。ただクリエイターとして、40年近くの広告づくり・ブランドづくりの傍らで、さまざまな経営者の相談や悩みを聞いてきました。

気づいたことは、企業経営にとって大切なことは、目に見えない資産＝評判だということです。売上や利益率、成長率、どれをとっても非常に大事な指標ですが、顧客や社員や地域との信頼づくり・絆づくりが、企業の生き残るうえでは欠かせない経営資産になります。最後は「選ばれるか否か」「支持されるか否か」「好かれるか否か」です。

星の王子様ではないですが――大切なものは目に見えない――これに尽きます。

本書の中でも書きましたが、ブランディング＝評判づくり、と置き換えていただければ、分かりやすいと思います。評判が会社の成長のエンジンになります。口ベタ企業の処方箋、

「処方」という言葉は、薬ではありません。良き方向に向きをかえる、ということです。現状の体調が何やらおかしいぞ、うまい具合にカラダが動かなくなったぞ、と思ったら、今の状態を総点検して、社員とともに新しい方向へ歩く道づくりをしてください。

本書は、評判づくりに不得手な会社に、こういう順番で意見をまとめ、考えや行動を整理すれば、新しい地図がつくれますよ、という気持ちで書きました。

２０２０年からはじまった約3年間に及ぶコロナ禍は、企業の存在価値を黙らせてしまい、コミュニケーションが苦手な口ベタ企業を量産したのではないか、と感じています。

緊急事態宣言下、企業のトップも社員も、毎日の生活がどうなってしまうのか分からず、不要不急の外出自粛、旅行の制限、さらに営業自粛など、どう対応していいか霧がかったままでした。本来の顧客が目の前からいなくなることで経営が揺らぎ、社員はリモートワークを余儀なくされ、従来あったコミュニケーションが希薄になりました。顧客との距離も遠くなりました。みんな動けず、半信半疑で、口を閉ざしたのは事実だと思います。

そんな折、非接触なデジタルだけが生命線になりました。デジタルスキルが長けた企業や個人だけが抜きん出たと思います。会えない相手、見えない相手をどう信頼するか。これからの時代の大テーマになるかもしれません。

一方で時代は変わり、「広告」は「交告」になりました。ネットの台頭で、「広告」は一方的に届けるものから、互いに瞬時に受発信できる「交告」の時代になっているのです。私の仕事の中心は、なぜ表現やデザインが必要なのか、どうコミュニケーションを行い、どうブランド投資をすれば社会からの評判や好感度は高まるのか、といった視点にシフトしていきました。

東日本大震災の体験が一つの節目かもしれませんが、50歳を前にして、もう一度、世の中はどうあるべきか、何が生きがいになるのか、社会が成立するとは何なのかを考え始め、社会人大学生として学び直すことを決意しました。大学で出会った元マッキンゼー・アンド・カンパニーのパートナー、齋藤顕一先生から「問題解決の教え」を学び、直感やひらめき一辺倒で生きてきた右脳人間な私でも、ロジカルな左脳思考ができるよう、鍛え直してもらいました。その結果、デザインやアートという視点をコンサル発想から開発できるようになりました。また人間力についても学ばせていただきました。いくつかの企業のブランドづくりをサポートするごとにノウハウが体系化されていき、偶然にも今回、書籍を執筆する機会をいただきました。

気がつけば、東京に事務所をつくって、30余年が経ちました。事実、自分の会社自体が口ベタな時期もあったと正直なところ思っています。そういう意味では自分の整理のための本なのかもしれません。

自動生成ＡＩも仕事に組み込まれ、時代は、驚くほど忙しく変わりはじめています。経営で悩んだり、先の風景がモヤモヤしたりしたら、一旦、現状を整理して、歩いていく道を見直してみてください。ビジネスの核心は、入口から出口までの全プロセスを明らかにしたうえで、どこで貢献できているかを知るところから始まります。プロセスにかかわる人たちが、それぞれどんな思いを持って、どんな価値を感じて企業やサービスと接しているのか、そこを見極めることから本当のブランド戦略は始まります。

ところで、本書がまさに校了！というところで「A.R.E.（アレ）」の旋風が巻き起こりました。18年ぶりの阪神タイガースのリーグ優勝です。これも岡田監督が、暗に「優勝」という2文字を「アレ」に置き換えて発信したユニークな言葉のようですが、後付けで「A.R.E.」という記号にすることで、球場やファンの間で「A.R.E.」のプラカードやパネルが旗印となっていきました。まさに「A.R.E.」が、阪神の優勝をブランド化したと思います。球場でも、街中でも、新聞やテレビでも「A.R.E.」が金太郎アメ戦略となって、ファンの心を求心的に1つにまとめあげた成功事例といっていいのではないでしょうか。しかも「A.R.E.」はその後、勢いが収まらず、プロ野球 日本シリーズでも38年ぶりの日本一に輝き、さらに２０２３年の年間流行語大賞も受賞！ まさに、アレがアレして、アレまでもらったのです。ブランドの伝播が止まりません。

この本を執筆するにあたり、事例紹介に二つ返事でご快諾いただいたＳＰＤ株式会社 樋口長英会長・高橋慶彦社長、足立建設工業株式会社 足立裕介社長、青南商事株式会社 安東元吉社長には心より御礼申し上げます。また幻冬舎メディアコンサルティングの編集担当者さんには、「口ベタ」を面白がっていただきながらも、何度も何度も原稿のチェックをしていただきました。ありがとうございました。加えて、本の中身の確認につきあってくれた社員の関口光雄くん、田中 亮くん、松本哲治くん、内林篤志くんにも感謝します。

　これからも企業のクリエイティブ参謀として、太くて長い付き合いができるよう邁進していきたいと思います。そして一社でも多くの企業が口ベタを克服し、三方よしの関係で長く人々に愛され親しまれる企業へとイメージシフトしてもらうことが、私の使命であり生きがいです。本書もその一翼を担ってくれることを願いながら、執筆を終えたいと思います。

　最後の最後ですが、「口ベタ・ブランド診断」をつけておきます。よろしければ記載の二次元コードからお入りいただき、御社のブランド診断をしてみてください。今の御社の口ベタ度が分かる診断になっています。

口ベタ・
ブランド診断

有澤　卓也（ありさわ　たくや）

株式会社ＡＳＴＲＡＫＨＡＮ代表取締役、クリエイティブ・コンサルタント。大阪芸術大学客員教授。

大阪生まれ。１９８４年、コピーライターとして株式会社アストラカン（旧大阪本社）に入社。クリエイティブ・ディレクター、取締役東京制作室長を経て、名古屋、福岡に進出し事業を広げる。また東日本大震災の支援事業にも積極的に携わる。２００２年に分社独立し、株式会社ＡＳＴＲＡＫＨＡＮを設立。仕事の傍ら、精力的にリカレントな学びを続け、ビジネスブレークスルー大学を卒業（経営士）。２０１７年、一般社団法人 問題解決力検定協会の理事に就任。東京をヘッドオフィスに名古屋・大阪にネットワークを持ち、コンサル発想でブランドづくり、クリエイティブづくり、コミュニケーションづくりに注力をしている。

本書についての
ご意見・ご感想はコチラ

口ベタ企業への処方箋
企業価値を発掘するブランド戦略

二〇二三年一二月二二日　第一刷発行

著　者　有澤卓也
発行人　久保田貴幸
発行元　株式会社　幻冬舎メディアコンサルティング
〒一五一-〇〇五一　東京都渋谷区千駄ヶ谷四-九-七
電話　〇三-五四一一-六四四〇（編集）
発売元　株式会社　幻冬舎
〒一五一-〇〇五一　東京都渋谷区千駄ヶ谷四-九-七
電話　〇三-五四一一-六二二二（営業）
印刷・製本　中央精版印刷株式会社
装　丁　弓田和則

検印廃止

Printed in Japan　ISBN 978-4-344-94725-2 C0034
幻冬舎メディアコンサルティングHP　https://www.gentosha-mc.com/